Torsten Woywod

In 60 BUCH HANDLUNGEN *durch Europa*

Meine Reise
zu den schönsten Bücherorten
unseres Kontinents

Torsten Woywod

In 60 BUCHHANDLUNGEN durch Europa

Meine Reise
zu den schönsten Bücherorten
unseres Kontinents

Eden BOOKS

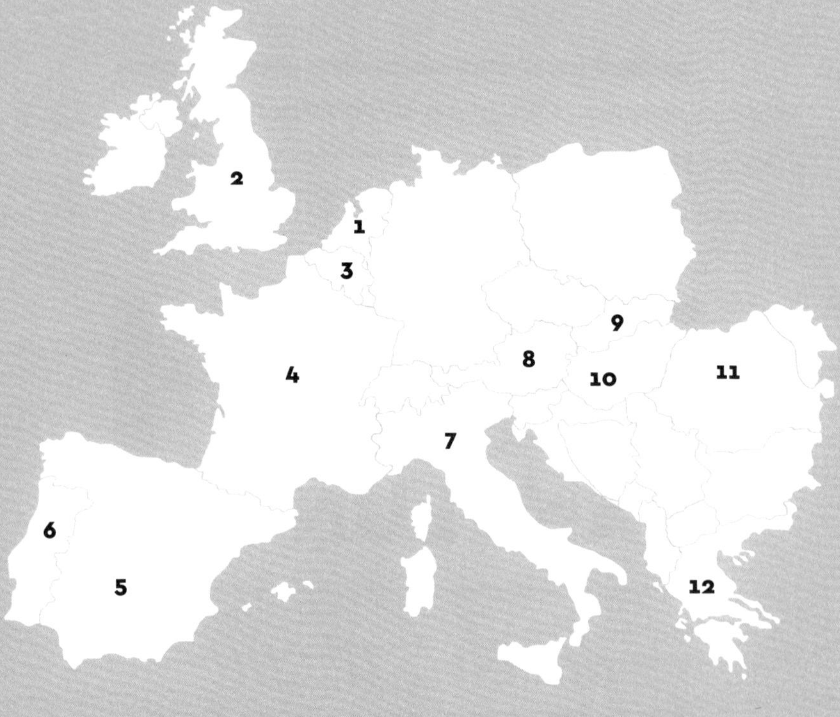
2
1
3
4
9
8
10
11
7
6
5
12

Inhalt

ICH LIEBE BUCHHANDLUNGEN

Buchhandlungen machen
jede Stadt ein bisschen schöner
und jeden Tag ein bisschen besser.

Seit jeher sind Buchhandlungen
mein Wohlfühlort Nummer eins.

Sie sind Ruhepole,
Schatzkammern und Inspirationsquellen.

Buchhandlungen sind Einladungen,
die ich niemals ausschlagen könnte.

Sie berauben mich zuverlässig jeglichen Zeitgefühls
und beschenken mich im Gegenzug mit den schönsten Geschichten.

Buchhandlungen verströmen
unaufgeregte Vertrautheit sowie grenzenloses Wohlbefinden
und stecken dennoch voller Überraschungen.

Buchhandlungen sind der Inbegriff des Glücks
und meine zweite Heimat.
Wo Buchhandlungen sind,
bin auch ich gern.

Ich liebe Buchhandlungen.

PROLOG

Buchhandlungen sind meine persönliche Leidenschaft, und seit beinahe 15 Jahren ist die Welt der Bücher auch mein berufliches Zuhause. Was einige Leute vielleicht als Spleen bezeichnen würden, ist für mich die schönste nur denkbare Passion: Ich entdecke gern Buchhandlungen. Und das gilt nicht nur für die Lieblingsbuchhandlung, sondern vor allem für Buchhandlungen, die mir bis dahin völlig unbekannt waren. Zum ersten Mal die Abteilungen zu erforschen und den Duft einzuatmen, der diesem Ort eigen ist ... Buchhandlungen sind etwas Wundervolles, das wir niemals aufhören sollten zu schätzen.

Irgendwann erwuchs aus dieser Leidenschaft ein vager Traum: Jedes Mal, wenn irgendwo eine Liste mit den vermeintlich schönsten Buchhandlungen der Welt veröffentlicht wurde, packte mich das Fernweh. »In Buchhandlungen um die Welt« nannte ich meinen Traum vom Reisen: Mit einem Europa-Interrail-Ticket sowie meinem kompletten Jahresurlaub im Gepäck legte ich innerhalb von vier Wochen über elftausend Kilometer zurück und bereiste zwölf Länder. Dabei durfte ich sechzig Buchhandlungen besuchen, von denen jede ihre ganz eigene Geschichte zu erzählen hatte.

Mit diesem Buch möchte ich Sie an all den Eindrücken und Erlebnissen meiner Tour teilhaben lassen. Es ist eine Liebeserklärung an alle Buchhandlungen, an das Lesen und an das Reisen!

Wer nicht in der Ferne außergewöhnliche Buchhandlungen besuchen möchte, kann das natürlich auch in Deutschland tun. Auf meiner Facebook-Seite *Around the World in 100 Bookshops* finden Sie eine Sammlung von besonderen Bücherorten. Wichtig: Sie erhebt keinen Anspruch auf Vollständigkeit!

Viel Spaß beim Lesen, Mitreisen und vielleicht sogar Selbstreisen!
Torsten Woywod

Über (Lieblings-) Buchhandlungen Von Benedict Wells

Der Tag, an dem ich begriff, dass Buchhandlungen meine Verbündeten sind, war irgendwann im Jahr 1999. Ich kam in den Laden gerannt und stürmte die schon etwas altersschwache Treppe zur Kinderbuchabteilung hinauf. Gerade hatte ich die ersten beiden Harry-Potter-Romane gelesen und gehört, es gäbe noch einen dritten. Ich war süchtig und musste ihn haben, sofort – mein Leben hing davon ab. In dem Kaufhaus, in dem ich es zuvor versucht hatte, hatten sie ihn nicht gehabt und auch noch nie von der Reihe gehört („Potter? Wie buchstabiere ich das?"). Letzte Chance also die Buchhandlung Lehmkuhl in der Leopoldstraße. Und tatsächlich, da stand der ersehnte Band im Regal. *Harry Potter und der Gefangene von Askaban.* Ich griff danach wie Indiana Jones nach einer goldenen Statue, von Lesefieber und Vorfreude gepackt ...

Damals war ich 15, und an diesem Tag wurde mir bewusst: Eine Buchhandlung enttäuscht dich nie, sie ist dein Freund. Egal, mit welchem Wunsch ich in den folgenden Jahren den Laden betrat – ob Hornby, Irving, Mulisch, Goebel oder Chabon: Das Buch wartete dort bereits auf mich. Die Mitarbeiter schienen zusätzlich auch über eine Art Geheimwissen zu verfügen, und manchmal weihten sie mich mit verschwörerischer Stimme ein. Dann verließ ich das Geschäft mit einer grün-weißen Tüte, in der der neue Ishiguro lag.

Auf mich wirkte der Lehmkuhl stets wie ein Fünfsternehotel für Geschichten – denn wäre ich ein Roman, ich könnte mir kein schöneres Zuhause vorstellen als diese über hundert Jahre alte Schwabinger Buchhandlung. Drinnen ist es stilvoll und gemütlich, im Parterre begrüßt einen als Erstes ein schwarz lackierter Flügel, auf dem Neuerscheinungen ausgestellt sind, weiter hinten, direkt bei der Couchecke mit Blick in den Garten, steht die Kaffeemaschine, an der man sich kostenlos bedienen kann. Was neben dem ausgezeichneten Sortiment auffällt, sind die herrliche Ruhe und die fürsorglichen Mitarbeiter, die stets zu einem Plausch aufgelegt sind. Selbst als ich nach Berlin zog, wartete ich mit dem Kauf von Büchern oft so lange, bis ich wieder in München war und im Laden vorbeischauen konnte. Und natürlich ist auch Robert Beck, die Hauptfigur aus *Becks letzter Sommer*, ein treuer Lehmkuhl-Kunde.

Im Laufe der Jahre und speziell auf Lesereisen lernte ich dann noch unzählige weitere tolle Buchhandlungen kennen, jede mit eigenen Ideen und Besonderheiten. Immer wieder war ich berührt von der Leidenschaft, mit der viele von ihnen geführt wurden, und wie findungsreich sie sich gegen Onlinehändler und große, von Unternehmen geführte Ketten erwehrten. Ich habe versucht, mein Bestes zur Unterstützung beizutragen, in dem es jahrelang keine E-Books gab – denn ein solches kauft man dann doch eher online statt im Laden um die Ecke.

Leider erreichten mich in den vergangenen Jahren immer wieder Meldungen, dass Buchhandlungen, in denen ich gelesen hatte, schließen mussten. Deshalb kann ich auch in diesem Vorwort nur das wiederholen, was mir einmal ein guter Freund über Buchhandlungen gesagt hat, und was mir damals durchaus die Augen öffnete: „Es bringt nichts, liebevoll an all die kleinen (und größeren) unabhängigen Buchläden zu denken oder sich beim Vorbeigehen daran zu erfreuen, dass es das Geschäft aus der Kindheit ja immer noch gibt – und dann aber seine Romane einfach irgendwo anders zu kaufen oder gleich bequem im Internet zu bestellen. Die unabhängigen Buchläden überleben auf Sicht nur, wenn man auch bei ihnen kauft, Punkt, aus."

Ich hoffe, dass das Bewusstsein dafür weiter wächst. In diesem wunderbaren Buch kann man sehen, was sonst verloren gehen könnte.

Wo es Kirchen voller Bücher gibt und die Bücher in leuchtend bunten Farben strahlen, manchmal sogar unter Palmen …

1. Kapitel

NIEDERLANDE

Einmalige Kulisse: Der Boekhandel Dominicanen ist in der ältesten gotischen Kirche der Niederlande beheimatet.

Es geht los! Am Morgen des 10. Juli nehme ich den Bus Richtung Maastricht und habe dabei – zugegebenermaßen – gemischte Gefühle im Gepäck. Als ich meinen übervollen Reisetrolley, der mehr als dreißig Kilogramm auf die Waage bringt, im Bus verstaut habe, breitet sich eine unbändige Vorfreude in mir aus – schließlich handelt es sich hierbei um nicht weniger als meinen großen, lang gehegten Traum, der genau jetzt in Erfüllung geht und mich den kommenden Tagen und Wochen des Reisens entgegenfiebern lässt. Zugleich spüre ich eine vage Unsicherheit. Immerhin bin ich diese Reise recht spontan angegangen. Gerade einmal fünf Wochen sind vergangen, seit ich den Entschluss dazu fasste, und jetzt breche ich auf, um innerhalb von vier Wochen Buchhandlungen in einem Dutzend Länder zu besuchen! Hätte es dafür nicht mehr Planung und Vorbereitung gebraucht, als eine lange Liste mit außergewöhnlichen und besonders schönen oder beliebten Buchhandlungen zu erstellen, zu jeder einen Google-Maps-Ausdruck sowie eine grobe Reiseroute? Ich habe nicht einen Nachtzug, nicht eine Fähre und nicht eine Unterkunft im Voraus gebucht, zumal ich mir auch die Möglichkeit bewahren wollte, meinen Aufenthalt an jenen Orten, die mir besonders gut gefielen, spontan verlängern zu können.

Als der Bus anfährt, wische ich die Zweifel in Gedanken fort. Jetzt freue ich mich einfach nur auf alles, was ich sehen und erleben werde. Und mit dem Blick auf die vorbeiziehende vertraute Gegend wächst auch die Abenteuerlust: Vor mir liegt ein ganzer Monat voller Freiheit und möglicher Überraschungen – inwieweit mein Geld für so viel Spontaneität während der Hauptreisesaison ausreicht, und ob das Roaming-Volumen der Herausforderung eines täglichen Reiseblogs standhält, scheinen mir da plötzlich Fragen zu sein, deren Beantwortung ein Teil dieser Herausforderung ist. Zufrieden lehne ich mich in meinem Sitz zurück und genieße die Wärme der strahlenden Sonne durch das Fenster.

Während der Fahrt lasse ich meinen Blick immer mal wieder durch den inzwischen gut gefüllten Bus schweifen. Kurz vor Maastricht dann, entdecke ich wenige Sitzreihen hinter mir eine junge Frau, ganz und gar in ein Buch vertieft. Während um sie herum gelacht, geredet und telefoniert wird, geht von ihr eine unerschütterliche Ruhe aus. Ich frage mich, ob sie Studentin ist, wie sie wohl heißen mag, und schaue ihr ein wenig beim Lesen zu. Ihre Blicke fahren rhythmisch über das Papier, und ihre Lippen bewegen sich fast unmerklich zu dem Gelesenen – fast so, als würden sie alles verarbeiten. Dann blickt sie auf, klappt das Buch zu und steckt es in ihre Umhängetasche; der Bahnhof Maastricht ist fast erreicht.

Obwohl der Buchumschlag nur für Sekunden in meinem Blickfeld war, habe ich den Titel sofort erkannt: Die junge Frau las *In die Wildnis. Allein nach Alaska* – Jon Krakauers eindrucksvolles und traurig-schönes Porträt eines jungen Amerikaners, der sich nach dem College von jeglichen Besitztümern trennt und eine unglaubliche Reise zu seinem persönlichen Glück antritt, fernab der gesellschaftlichen Konventionen. Eine Weile hänge ich in Gedanken dieser ungeheuerlichen wie berührenden Geschichte nach – gerade so lange, dass sie nicht mein eigenes Abenteuerempfinden zu schmälern vermag.

Bevor wir halten, zücke ich mein Handy und gebe auf Facebook Folgendes bekannt: »Update: Es geht los!«

Maastricht ist die Hauptstadt der Provinz Limburg und liegt im äußersten Südosten der Niederlande, wo sie von der Maas durchzogen wird. In den Niederlanden gilt Maastricht inzwischen als *die* Einkaufsstadt schlechthin und lockt – vor allem am Wochenende – auch zahlreiche Besucher aus Deutschland und Belgien an.

Warum das so ist, habe ich nicht nur in der Vergangenheit schon mehrfach erleben dürfen, sondern wird mir auch diesmal nachdrücklich vor Augen geführt, während ich die lang gezogene Promenade in Richtung Servaas-Brücke hinunterlaufe: Die ganze Stadt strahlt. Niederländische Blumenläden und köstlich duftende Waffelstände sprechen ebenso die Sinne der Passanten an wie die zahlreichen Cafés, Bäckereien und Restaurants. Auf der anderen Seite der Maas kommen nicht nur einige Boutiquen, Kaufhäuser und größere Supermärkte hinzu, sondern vor allem eine der eindrucksvollsten Buchhandlungen überhaupt:

BOEKHANDEL DOMINICANEN

Nur wenige Meter vom zentral gelegenen Entre Deux entfernt, das einst zum besten Einkaufszentrum Europas gewählt wurde, findet sich auf der Dominicanerkerkstraat 1 die älteste gotische Kirche der Niederlande (1294 fertiggestellt), die seit 2006 regelmäßig Bücherfans aus aller Welt zum Schwärmen bringt und vom britischen Guardian als »*bookshop made in heaven*« geadelt wurde.

Wenn man vor dem großen, bronzefarbenen Tor der Buchhandelskirche stehen bleibt, auf dem der Begriff »Bücher« in vielen unterschiedlichen Sprachen eingestanzt ist, und den Eingangsbereich beobachtet, kann man sehr gut zwischen jenen Besuchern unterscheiden, die zum ersten Mal den Boekhandel Dominicanen betreten, und denen, die zuvor schon einmal dort gewesen sind: Fast möchte ich wetten, dass es noch niemandem bei seinem ersten Besuch gelungen ist, *nicht* staunend im Foyer zu verweilen und ungläubig nach oben, in Richtung der Deckenfresken zu schauen.

Auch mir war es – natürlich – so ergangen, als ich die Buchhandlung vor rund drei Jahren zum ersten Mal besuchte. Nachdem ich zunächst im Internet viel Schönes von der Dominikanerkirche gesehen und gelesen hatte, wollte ich diesen Ort möglichst bald mit eigenen Augen erblicken.

Also wagte ich einen Ausflug nach Maastricht, wo es gleich beim Betreten der Buchhandlung um mich geschehen war. Seitdem bin ich oftmals hierher zurückgekehrt, um abermals durch die Gänge zu stöbern, den weltberühmten Karottenkuchen im hauseigenen Café zu essen oder einfach nur die unvergleichliche Atmosphäre zu genießen, die von dieser Buchhandlung ausgeht.

Und während ich mir diese schönen Erinnerungen ins Gedächtnis zurückrufe, wird mir bewusst, dass es demnach gar keinen besseren Auftakt für meine Reise hätte geben können.

Immer noch auf dem Kirchenvorplatz stehend, lasse ich meinen Blick noch einmal über die Fassade gleiten, wo sich über dem Eingangstor ein meterhoher Fensterbogen anschließt, in dem sich das wolkenlose Blau des Sommerhimmels spiegelt. Erst dann trete ich ein.

Das ohnehin schon eindrucksvolle Bild der aufwendig restaurierten Kirche und ihrem weitläufigen Inneren wird dabei durch ein riesiges, begehbares Bücherregal auf der rechten Kirchenhälfte abgerundet: Dreißig Meter lang und knapp 18 Meter hoch, verfügt es über drei Etagen, die frei im Raum stehen und für die Kunden ein umfassendes Bücher- und Musikalienangebot bereithalten; im Obergeschoss sind sogar einige antiquarische Schätze zu entdecken.

Durch das Konzept des offenen Raumes bieten die beiden Flügelseiten die wohl schönste Aussicht und geben jeweils den Blick auf die rund eintausendzweihundert Quadratmeter große Bücherwelt frei. Vor allem beim Betreten der Buchhandlung, wenn sich die Augen erst noch an das leicht grünstichige Licht der Dominikanerkirche gewöhnen müssen, ist dies ein unvergesslicher Eindruck.

Aber auch die gegenüberliegende Seite hat Besonderes zu bieten: Vorbei an den Bestsellern, den Krimis und den fremdsprachigen Titeln, findet sich hier die Kinderbuchabteilung, deren unangefochtener Liebling eine überdimensional große Plüschfigur mit Namen *Nijntje* (nach einer Cartoonfigur von Dick Bruna) ist.

Desirée, die leitende Buchhändlerin, die man im Zweifelsfall auch an ihren Gute-Laune-Grübchen erkennt, erzählte mir bei einem meiner ersten Besuche, dass vor allem die asiatischen Touristen verrückt nach Nijntje seien und unzählige Fotos mit ihm machten.

Neben der Kinderbuchabteilung schließt das Café Coffeelovers an, das sich mit seiner langen Theke und den zahlreichen Sitzgelegenheiten an die östliche Kirchenseite anschmiegt und von einem riesigen Rund-Kronleuchter imposant überthront wird.

Dass es hier nicht nur den besten Kaffee der Stadt gibt, sondern auch die leckersten Kuchen, passt da nur ins Bild.

Ich gehe ins erste Obergeschoss und stöbere auf dem Weg dorthin durch die im großen, mehrstöckigen Bücherregal ausgestellten Titel. Einige ausgewählte Bücher werden frontal präsentiert und sind teilweise mit einem persönlichen Tipp der Buchhändler ausgestattet – ich versuche, bekannte Titel auszumachen, und muss schließlich über die Entdeckung der niederländischen Version von Jonas Jonassons *Der Hundertjährige, der aus dem Fenster stieg und verschwand* schmunzeln. Überhaupt fällt auf, dass die niederländischen Buchumschläge deutlich farbenfroher und sehr individuell anmuten – Liebhaber von kreativ gestalteten Covern kommen hier voll auf ihre Kosten.

Im Obergeschoss lehne ich mich für einen Moment an die Balustrade und genieße die Aussicht: Während im vorderen Teil ständig neue Besucher die Buchhandlung betreten (und, ja: im ersten Moment oftmals stehen bleiben) oder verlassen, ist im hinteren Teil Gemütlichkeit angesagt. Im Café wird gegessen und geplaudert – in besonderen Fällen wird dieser Bereich aber auch umfunktioniert; etwa dann, wenn – wie in der Vergangenheit – bekannte Autoren wie Carlos Ruiz Zafón, Karin Slaughter oder John Boyne zu Gast sind.

Dabei kann die Dominikanerkirche nicht nur in ihrer heutigen Funktion als Buchhandlung, sondern ganz grundsätzlich auf eine ausgesprochen bewegte Vergangenheit zurückblicken: Bereits seit über zweihundert Jahren wird sie nämlich nicht mehr als Kirche, sondern mehr oder weniger funktional genutzt. So fanden hier neben Weihnachtsmärkten auch schon Boxkämpfe und Autoshows statt – und neben einem Intermezzo als Abstellraum für Fahrräder wurden sogar schon Karnevalssitzungen in der Dominikanerkirche abgehalten.

Doch auch als Buchhandlung ist sie scheinbar erst jetzt zur Ruhe gekommen: Nach einer aufwendigen Restaurierung zwischen 2002 und 2006 beherbergte sie zunächst einen Ableger der niederländischen Buchhandelskette Selexyz. Nachdem diese in eine finanzielle Notlage geraten war, wurde sie von einer Investorengruppe aufgekauft und fusionierte anschließend mit der belgischen Gebrauchtbuchkette De Slegte unter dem Namen Polare. Da es auch hier zu wirtschaftlichen Problemen und einem anschließenden Konkurs kam, sah es zunächst so aus, als wäre das Buchhandelskapitel der Dominikanerkirche endgültig abgeschlossen.

Im Frühjahr 2014 startete Ton Harmes, der zuvor schon als Filialleiter für Selexyz und Polare tätig gewesen war, dann jedoch eine groß angelegte Crowdfunding-Kampagne, die innerhalb kürzester Zeit einhunderttausend Euro in die Kassen spülte. Den größtenteils privaten Investoren wurden dabei im Gegenzug Belohnungen wie »eine Nacht in der Buchhandlung« angeboten. Harmes kaufte die Buchhandlung schließlich vom Treuhänder zurück und führt sie bis heute als unabhängiges Unternehmen weiter.

Als ich den Dominicanen-Buchhändler Peter an der Infotheke, die im Erdgeschoss der Außenseite zugewandt ist, entdecke, gehe ich schließlich wieder hinunter und gratuliere ihm sogleich. Vor wenigen Tagen ist er mit der Goldenen Nadel für seine vierzigjährige Buchhändlerzeit ausgezeichnet worden, wie ich im Internet gelesen habe. Wie immer trägt Peter ein feines Hemd, und er lächelt etwas verlegen, als ich ihn nach dem schönsten Erlebnis in all den Jahren frage.

»Zuletzt die Party«, sagt er und lacht fröhlich. Er meint die Verleihungsfeier, die am Abend zuvor stattgefunden hat. Aber dann erzählt er noch begeistert von der feierlichen Neueröffnung im Jahr 2014, zu der über sechshundert geladene Unterstützer gekommen waren – »ein sehr emotionaler Moment«.

Ich wünsche Peter alles Gute und verabschiede mich mit einem letzten, ganz bewussten Blick auf diese einmalige Kulisse, bevor ich mich auf den Weg zum Bahnhof mache.

Der Zug, der mich zu meinem nächsten Ziel, einer Buchhandlung im rund dreihundert Kilometer entfernten Zwolle im Norden der Niederlande, bringen soll, bewegt sich die meiste Zeit nur schneckenlangsam fort. Dann in Weert, das dreißig bis vierzig Kilometer nördlich von Maastricht liegt, müssen alle Fahrgäste aussteigen. Es sollen ersatzweise Busse verkehren, wie mir einige Mitfahrer zu berichten wissen, doch zunächst einmal passiert gar nichts. Als schließlich doch ein Zug einfährt, steige ich, ohne zu wissen, wo die Fahrt hingeht, ein und hoffe, dass diese Bauchentscheidung sich nicht rächen wird. Die Türen schließen sich, und der Zug fährt an, da entdecke ich einen kleinen, gelben Zettel an der Wand, auf dem handschriftlich »Have a nice day!« notiert wurde – ich werte dies als gutes Zeichen.

Tatsächlich fahren wir nun weiter in Richtung Norden – für mich und diesen Tag jedoch zu spät. Vor meinem geistigen Auge sehe ich mich schon hektisch und orientierungslos durch Zwolle laufen, um letztendlich doch nur vor verschlossenen Türen der gesuchten Buchhandlung zu stehen, sodass ich meine Bedenken für eine weitere spontane Entscheidung nutze: Statt nach Zwolle geht es zunächst einmal nach Amsterdam, das ich nur dreißig Minuten später erreiche.

Amsterdam erscheint bunt, ansteckend lebendig und unglaublich jung – irgendwo habe ich einmal gelesen, dass beinahe fünfzig Prozent der Einwohner jünger als 35 sind. Und natürlich ist Amsterdam die Hauptstadt der Fahrräder, was mir heute allerdings etwas ungelegen kommt. Meine Reisetasche, die sowohl Rucksack als auch Trolley sein will, ist im Moment nämlich vor allem eines: unhandlich. Also bugsiere ich meinen fahrbaren Kleiderschrank durch das dichte Gedränge und bin froh, als die Menschenmassen irgendwo auf Höhe der Singelgracht weniger werden.

Zehn Minuten später habe ich die Prinsengracht Ecke Berenstraat erreicht und tupfe mir den Schweiß von der Stirn. Der Taschenkoloss, das Kopfsteinpflaster und die Hitze sind keine gute Kombination; ich fühle mich etwas mitgenommen. Dummerweise erwartet mich ausgerechnet jetzt *die* Design-Buchhandlung Amsterdams:

MENDO

MENDO ist eine relativ junge Spezialbuchhandlung, die sich selbst als »*candy store for book aficionados*«, also eine Art Süßwarenladen für Buchliebhaber, bezeichnet.

Dass sie in erster Linie auf Bildbände aus den Bereichen Kunst, Design, Fotografie, Mode und Reise spezialisiert ist, sieht man auf den ersten Blick ... Diese Buchhandlung ist selbst ein Kunstwerk!

Während die seitlichen Regalwände, der Boden, die Decke und die Möbel allesamt schwarz daherkommen, funkelt im hinteren Bereich eine Spiegelwand. An der Decke kontrastiert eine silberne, bis nach hinten durchlaufende Spotleiste mit dem Rest und leuchtet die linke Regalseite komplett aus. Auf der rechten Seite hängen silberne Halbkugeln von der Decke, die vor allem die Tischpräsentationen ins richtige Licht rücken.

Dahinter folgt eine Wand in einem warmen Rotton, die nicht nur für einen großflächigen Farbkontrast sorgt, sondern auch den Eingangsbereich von dem hinteren Ausstellungsraum abtrennt – dazwischen liegen fünf Stufen und ein schmaler Gang. Hier hat alles ein ästhetisches Konzept. Ich muss an den Onlineauftritt der Buchhandlung denken, der schon für sein besonderes Präsentationskonzept unter anderem mit dem »Dutch Design Award« ausgezeichnet wurde.

Roy, einer der Gründer, mit dem ich vorab ein wenig gemailt und mich leichtsinnigerweise erst für den morgigen Sonntag verabredet habe, ist heute nicht da – stattdessen nimmt mich der Buchhändler Iljaas in Empfang, dem die Beleuchtung von MENDO extrem schmeichelt: Ohnehin ein etwas dunklerer Typ, wirkt sein Gesicht hier honigfarben und eben. Meinen Teint kann heute wohl nichts mehr auffrischen, also konzentriere ich mich lieber darauf, Iljaas mein Reiseprojekt vorzustellen. Er ist sofort Feuer und Flamme. Ich erfahre von ihm, dass MENDO 2002 gegründet wurde und just in diesen Tagen einen zusätzlichen Pop-up-Store im Hôtel Droog eröffnen wird.

Wir schlendern durch den Laden, während Iljaas mich mit weiteren Informationen über MENDO versorgt und es ihm sichtbar Freude bereitet, mich auf meiner ersten Entdeckungstour durch die Buchhandlung zu begleiten. Zwischen den mitunter sehr speziellen Titeln, wie einem Bildband über Luxus-Armbanduhren, finden sich immer wieder großartige Fotobände, die ich am liebsten sofort mitnehmen würde: *High Tide. A Surf Odyssey* ist so ein Buch, das nicht nur in Bezug auf seine Haptik seinesgleichen sucht, sondern auch inhaltlich beeindruckt: Unglaubliche Natur- und Surfaufnahmen, die sofort für Fernweh sorgen – und während ich mich durch den großformatigen

Bildband blättere, kommt mir plötzlich wieder Krakauers *In die Wildnis* in den Sinn.

Ich lege den Bildband zurück, und wir gehen nochmals in den hinteren Teil der Buchhandlung. Als ich die lange Regalwand entlanglaufe und mir die darin ausgestellten Titel genauer ansehe, bemerke ich die vielen schwarzen Buchrücken, die einen MENDO-Schriftzug tragen.

Iljaas lacht und erklärt, dass dies nur Bücherattrappen seien. Dieser Idee liegt das Konzept zugrunde, dass man die komplette Buchhandlung aus Büchern bestehen lassen wollte, Regalflächen und Wände inklusive! Ich fahre mit meiner Hand an der Regalwand und den unzähligen stilisierten Buchrücken entlang und versuche vorsichtig, einen dieser mattschwarzen MENDO-Titel zu entnehmen ... unmöglich. Ein wenig berauscht von diesem Designkonzept trete ich ein paar Schritte zurück und betrachte die Regalwand noch einmal aus einer etwas größeren Entfernung: Eine Buchhandlung, die komplett aus Büchern gebaut ist – eine geniale Idee!

Iljaas fügt an, dass diese Bücherregale ganz aktuell auch im Zentrum einer neuen Veranstaltungsreihe stünden, die sich *The Shelf Sessions* nennt und im Herbst Premiere feiern wird (übrigens mit dem Brüderpaar Frank und Ronald de Boer, ehemals niederländische Fußballnationalspieler).

Ich werfe noch einen letzten Blick in einen weiteren Reisebildband, bevor ich mich von Iljaas verabschiede und die Buchhandlung in Richtung Innenstadt verlasse.

Drei Grachten weiter östlich, direkt neben der alten Lutherkirche und der Universitätsbibliothek gelegen, befindet sich die Spui – ein zentraler, weitläufiger Platz, auf dem gerade der Boekenmarkt op het Spui stattfindet. Doch mein Ziel ganz in der Nähe ist:

WATERSTONES ENGLISH BOOKSHOP AMSTERDAM

Das von außen fast barock anmutende Gebäude thront geradezu auf der Straßenecke. Die großen und nach oben hin abgerundeten Schaufenster, die sowohl in Richtung Spui als auch zur Kalverstraat verlaufen, müssen Bücherfans magisch anziehen. An jedem der Fensterrahmen, die komplett schwarz gehalten sind und sich somit von der cremeweißen Fassade absetzen, ist auf Höhe der Abrundung jeweils ein Waterstones-Schriftzug in goldenen Buchstaben angebracht, der in der gleißenden Sonne blitzt.

Während die eine Seite vollständig dem in wenigen Tagen erscheinenden Buch *Go set a watchman* (*Gehe hin, stelle einen Wächter*) von Harper Lee gewidmet ist, und zahlreiche Origami-Vögel vor einer orangefarbenen Bücherwand von der Decke schweben, finden sich auf der anderen Seite allerhand Bestseller und Empfehlungen. Den Hintergrund bilden Waterstones-eigene Dekowände, auf denen Slogans abgedruckt sind, die nicht nur das Herz eines jeden Lesers höherschlagen lassen, sondern ganz offensichtlich auch ein sehr beliebtes Fotomotiv darstellen, wie ich schon nach wenigen Augenblicken feststellen darf.

»*Words cannot do justice to the pleasures of a good bookshop. Ironically*« – »Man kann nicht in Worte fassen, welche Freude ein guter Buchladen bereitet«. Ironischerweise – ist so einer. Ich stimme zu und gehe zum Eingang, der genau an der Ecke des Gebäudes liegt und mit »*The home of English language books*« überschrieben ist. Diesem Versprechen steht die Buchhandlung in nichts nach: Sie wirkt britisch, ein wenig gediegen – aber voller Charme, Wärme und augenzwinkerndem Humor, wie schon die ersten Tischschilder beweisen (»*A true classic never goes out of fashion*« – »Wahre Klassiker kommen niemals aus der Mode«).

Auf Anhieb ist mir diese Buchhandlung sympathisch, zumal auch die Waterstones-Slogans an verschiedenen Stellen eine Fortsetzung finden.

In der Mitte des offenen Erdgeschosses, von dem ein Treppenaufstieg in die drei oberen Etagen führt, befindet sich eine Infotheke. Ich stelle mich kurz vor und erhalte sogleich eine persönliche Führung von einem Buchhändler, der mich mit seinen schwarz gescheitelten Haaren und dem extravaganten Kragenhemd ein wenig an Raj Koothrappali aus *The Big Bang Theory* erinnert. Auch wenn Filialisten oftmals nachgesagt wird, dass sie jegliche Individualität ausschließen würden: Dieser Laden steckt voller Persönlichkeit! Handgeschriebene Buchempfehlungen finden sich über alle Regalwände verteilt – außerdem gibt es eine eigene »*Books we love*«- Abteilung, in der ich spontan nach zwei nebeneinanderstehenden Titeln greife. Äußerlich könnten sie kaum unterschiedlicher sein, und doch scheinen sie irgendwie zusammenzugehören: *The Happiness Project* (*Das Happiness-Projekt*) von Gretchen Rubin und *Off the Map* (*Die seltsamsten Orte der Welt*) von Alastair Bonnett.

»Oh ja«, sagt der Buchhändler, »*Off the Map* ist einfach großartig und mein aktuelles Lieblingsbuch! Es versammelt die unglaublichsten Geschichten über Orte, von denen man noch nie etwas gehört hat – die man ab sofort aber auch nicht mehr missen möchte.«

Ich blättere ein wenig darin und mache schließlich ein Foto des Covers, um mir den Titel zu merken, bevor wir weitergehen und mir erklärt wird, dass Waterstones, wovon es allein in Großbritannien über dreihundert Filialen gibt, seinen Mitarbeitern größtenteils freie Hand lässt, was die Führung der Buchhandlung anbelangt. So verwundert es mich schließlich auch kaum, dass selbst die wunderbare Origami-Deko im Schaufenster von den Buchhändlern – in liebevoller Kleinarbeit – handgefertigt wurde.

Seit 1998 ist man nun schon in dem Belarge-Gebäude auf der Kalverstraat vertreten, und wo auch immer ich hinschaue, überrascht mich die Buchhandlung mit all ihren Details und Ideen. Dazu gehört auch eine großformatige Pinnwand, die »Where are you from?« fragt und darauf schon jede Menge Antworten erhalten hat: Curacao, Hongkong, Sydney, Griechenland, Israel ... Ein Besucher aus Aruba hat seine Antwort sogar mit einer Palmen-Zeichnung verziert.

Passenderweise wird gleich daneben eine Auswahl an Büchern präsentiert, deren jeweiliger Handlungsort eine zentrale Rolle spielt und daher das Sortierprinzip der gesamten Abteilung vorgibt.

In den oberen Etagen widerstehe ich lange Zeit der Versuchung von britischen Süßigkeiten und Shortbreads, entdecke in der Reiseabteilung wunderbare Bildbände sowie Notizbücher und bewundere die gut sortierte Young-Adult-Etage, bevor ich schließlich mein erstes Souvenir erstehe: eine Tragetasche mit der Aufschrift »*Keep calm and read on*« – »Bleib ruhig und lies weiter«, dazu schenken mir die Buchhändler noch eines ihrer selbst gemachten Harper-Lee-Origamis, das mich an meinen Besuch erinnern soll. Als ich mich verabschiede, entdecke ich auf dem Monitor des Info-PCs, dass meine Facebook-Seite geöffnet wurde und wende mich lächelnd dem Ausgang zu.

»*A good book will keep you fascinated for days. A good bookshop for your whole life*« – »Ein gutes Buch wird dich tagelang begeistern«, eine gute Buchhandlung dein ganzes Leben lang, mit diesen Worten entlässt mich Waterstones in Richtung Einkaufsstraße.

Ich gehe zurück zur Spui, wo der Boekenmarkt inzwischen abgebaut wird, gönne mir eine eisgekühlte Cola und lade eine kleine Auswahl an Fotos auf Facebook hoch.

Als ich von meinem Handy wieder aufblicke, sehe ich, dass der *Tirza*-Verkäufer – nur unweit von mir entfernt – seinen Stand inzwischen komplett abgebaut und verladen hat. Ich muss daran denken, dass es auch Arnon Grünberg war, der einst die Idee äußerte, eine große Tour unternehmen und dabei all seine Facebook-Freunde besuchen zu wollen; und mit einem Mal scheint mir diese Idee in leicht abgewandelter Form noch viel sympathischer zu sein: Ein Buchhändler reist um die Welt und lässt sich von ausgewählten Autoren ihre jeweiligen Lieblingsbuchhandlungen zeigen.

Doch bevor ich anfange, mich um die Welt zu träumen, ist inzwischen nicht nur meine Cola geleert, sondern die nächste Buchhandlung auch gar nicht weit entfernt. Ich schlendere zur gegenüberliegenden Seite, denn direkt hinter den langsam verschwindenden Buchpavillons befindet sich:

THE AMERICAN BOOK CENTER (ABC)

Ohne den Büchermarkt auf dem Vorplatz wirkt das Gebäude noch einmal deutlich präsenter, zumal es so etwas wie den Übergang zum Herzen der Innenstadt darstellt. In azurblauen, großen Lettern steht der Name der Buchhandlung über dem Eingang geschrieben – eingerahmt von zwei farblich passenden Sonnensegeln sowie den ebenso strahlend blauen Rollläden an den Fenstern im ersten Obergeschoss.

Zunächst bewundere ich die Schaufenster – eine komplette Fensterfront ist ausschließlich Harper Lee gewidmet, auf der anderen Seite werden vorwiegend Bestseller präsentiert. Das absolute Highlight sind jedoch die eigens dafür ausgewählten Zitate, die von Hand auf die Schaufenster übertragen wurden.

Aus Richtung der seitlich passierenden Hauptstraße kann man dies lesen:

»What I say is, a town isn't a town without a bookstore. It may call itself a town, but unless it's got a bookstore it knows it's not fooling a soul.«

Neil Gaiman, *American Gods*

Das American Book Center setzt auf naturhelle Holztöne, die mit schwarzen Regalelementen kombiniert werden. Im Zentrum: ein Baum.

Diese Ansicht teile ich, auch für mich gehören zu einer Stadt Buchhandlungen – und als ich jetzt ins ABC eintrete, bin ich überwältigt: Im Erdgeschoss gibt es neben diversen Bestsellern und Büchern aus den Bereichen Fashion, Beauty und Lifestyle eine größere Zeitschriftenabteilung, in deren Mitte eine Bank sowie Palmen zum Verweilen einladen. Etwas versetzt davon ragt ein großer Baumstamm aus dem Boden der Buchhandlung empor, zu dessen linker Seite sich ein Treppenaufgang anschließt.

Während auf der einen Seite die Fensterfront für viel Licht sorgt, wird die andere Seite des Treppenaufgangs von einer deckenhohen Regalwand gebildet, in der sich Reiseführer und Reisebücher finden.

Ich gehe bedächtig die Treppen hinauf und lasse meinen Blick dabei über die ausgestellten Bücher gleiten, wobei mir – direkt neben der englischsprachigen Ausgabe von Judith Schalanskys *Atlas der abgelegenen Inseln* (in der Penguin-Version beinahe ebenso schön wie die 2009 als schönstes deutsches Buch ausgezeichnete mare-Version) – ein Bildband ganz besonders auffällt: *You Only Live Once: A Lifetime of Experiences for the Explorer in All of Us.*

Zugegeben: Der Titel ist etwas reißerisch gewählt, aber die Aufmachung gefällt mir. Vorsichtig streiche ich über den dunkelgrünen Buchrücken und blättere dann ein wenig im Buch. Wunderbare Reisefotografien – einige sogar von Orten, die ich im Rahmen meiner Buchhandlungstour selbst noch sehen möchte und mich somit in dem Glauben bestätigen, dass diese Reise etwas ganz Besonderes werden kann.

Gut gelaunt stelle ich das Buch zurück ins Regal und gehe weiter die Treppe hinauf. Dabei bemerke ich, dass die gesamte Architektur auf diesen einen Baumstamm ausgelegt zu sein scheint, der auch in der nächsten Etage auffällig präsent ist. Die leicht ovalen Bücherregale ranken sich um ihn herum. Besonders auffällig dabei: Die Regale reichen ausnahmslos vom Boden bis zur Decke.

Der Aufgang zur dritten und vierten Etage (letztere ist allerdings dem Personal vorbehalten) wird von einer mittig verlaufenden Treppe gebildet, die mit Bambus verkleidet ist und somit das Gesamtbild verstärkt: Die Buchhandlung wirkt insgesamt überaus hell, modern und freundlich; durch die vielen Holztöne sowie -elemente erfährt sie einen unbeschwert natürlichen Touch.

Was das Sortiment anbelangt, findet sich hier auf drei Etagen so ziemlich alles, was das Bücherherz begehrt und in englischer Sprache angeboten wird – für den Fall der Fälle wartet in der zweiten Etage aber noch eine echte Besonderheit: die Espresso Book Machine. Hiermit lassen sich nicht vorhandene Bücher innerhalb weniger Minuten auf Wunsch aus- oder nachdrucken.

Nach meinem Rundgang plaudere ich noch ein wenig mit den Buchhändlern im Erdgeschoss und erfahre dabei unter anderem, dass der Bambus sinnbildlich für den Charakter der Buchhandlung stehen soll: Bambus ist nachhaltig, robust und widerstandsfähig – zugleich aber auch sehr flexibel –, ein sehr schönes Bild, wie ich finde.

Das American Book Center gibt es bereits seit 1972, wobei sowohl die Inhaber als auch der Standort mehrfach wechselten. Seit 1983 ist Lynn Buller die Chefin und Eigentümerin des ABCs, nachdem sie sich dem Buchhandelsunternehmen schon im Gründungsjahr – ganz spontan während eines Urlaubsaufenthaltes – angeschlossen hatte.

Am aktuellen Standort, dem Spuimarkt, der so etwas wie das Herz des Amsterdamer Bücherviertels darstellt, existiert das American Book Center nun seit 2006 und ist dort inzwischen zu einer echten Institution geworden.

Das ABC veranstaltet auch regelmäßig unterschiedlichste Events, die in der gegenüberliegenden Treehouse Gallery stattfinden und von Kunstausstellungen über Lesungen und Signierstunden bis hin zu Open-Mike-Events reichen.

Schweren Herzens verabschiede ich mich von dieser wundervollen Buchhandlung und seinen sehr netten Buchhändlern, als das American Book Center um zwanzig Uhr schließt.

Mir schwirren beim Hinausgehen unzählige Eindrücke durch den Kopf – und dann fällt mir plötzlich ein, dass ich noch gar keine Unterkunft für die Nacht habe.

Also zücke ich das Handy und entscheide mich schließlich für ein halbwegs bezahlbares Hotel, das ungefähr zwei Kilometer südlich entfernt liegt.

Der zweite Tag beginnt so ähnlich, wie der vorherige aufhörte: Dusche, Check-out, Supermarkt, Essen bei strahlendem Sonnenschein.

Mein Frühstück genieße ich im Museumspark und beobachte zunächst das bunte Treiben am frühen Morgen. Während vor dem »I amsterdam«-Zeichen bereits 1.001 Posen vollführt werden, studiere ich den Reiseführer und befrage anschließend mein Handy nach Zugverbindungen in Richtung Zwolle. Ich erkundige mich auch auf Facebook – bei meinen virtuellen Mitreisenden – nach Sightseeing-Tipps, dann steuere ich die Innenstadt an. Über die Leidsestraat geht's in Richtung Singel sowie Bloemenmarkt – und von dort aus gleich weiter auf den Straßen

Rokin und Damrak, die mich nicht nur zuverlässig zum Hauptbahnhof führen, sondern auch an vielen Sehenswürdigkeiten wie dem Nationalmonument und dem Königspalast vorbei.

Kurz vor dem Hauptbahnhof mache ich noch einmal eine Panoramaaufnahme und bin fast ein bisschen traurig, dass ich schon wieder weiterziehe.

Über Almere geht es also – nun wirklich – nach **Zwolle**, das einen ziemlichen Kontrast zu Amsterdam darstellt. Während in der Hauptstadt das Leben pulsiert, sobald man den riesigen Hauptbahnhof verlässt, parkt hier ein einzelner Linienbus auf dem verlassenen Bahnhofsvorplatz, dessen Fahrer gerade schläft.

Am Kiosk kaufe ich mir zwei Kaltgetränke, um der Hitze entgegenzuwirken, und laufe den Stationsweg hinauf. Und, wow: So trostlos und verlassen der Bahnhof gerade auch wirkte, so schön und idyllisch erscheint die Gegend hier. Die Stadsgracht, in der einige Paddelboote treiben, wird vom Grün eines weitläufigen Parks gesäumt, und einer der Wegweiser, die in Richtung des Stadtzentrums zeigen, berücksichtigt mein nächstes Reiseziel bereits als Sehenswürdigkeit.

Ich gehe weiter und nähere mich dem historischen Kern, der ringsum von Wasser gesäumt ist und von einer altertümlichen Burg umgeben wird. Über die Sassenpoortenbrug gelange ich auf die andere Seite des Ufers und laufe die Wilhelminasingel entlang. Für mein eigentliches Ziel ist dies zwar ein Umweg, wie ich später feststellen muss, doch in diesem Moment erscheint mir meine Wahl geradezu perfekt. Im angrenzenden Pelkwijkpark findet gerade ein Festival statt, das die halbe Stadt versammelt zu haben scheint und schon von Weitem für gute Laune sorgt.

Die gesamte Grünanlage ausfüllend, mutet das Festival wie ein großer, bunter Freizeitpark an – und ich bin mittendrin. Zwischen unzähligen Essensständen und Cocktailbars sind Bühnen aufgebaut, von denen Musik tönt; ich drehe mich langsam um die eigene Achse und sortiere die Eindrücke.

Zwischen all der Ausgelassenheit und Leichtigkeit, die von diesem Fest und seinen Besuchern ausgeht, wirke ich mit meinem riesigen Trolley anscheinend wie ein Exot. Zwei junge Frauen steuern auf mich zu und grinsen zunächst etwas mitleidig, als sie mein Übergepäck sehen – von ihnen erfahre ich dann jedoch, dass es sich hierbei um ein dreitägiges Food Festival handelt, das in der Region Kultcharakter besitzt. Und die Falafel-Tasche, die ich mir schließlich gönne, ist wie erwartet köstlich.

Nach diesem kleinen Umweg, der mich auch noch an der historischen Stadkamer vorbeiführt, biege ich auf die Broerenstraat ein. Hier verlangsame ich ganz bewusst mein Tempo, um nicht den Moment zu verpassen, in dem die Buchhandlung vor mir sichtbar wird. Durch die schmale Gasse ab der Nieuwstraat hat man freie Sicht in einen Hof – und genau in dessen Mitte erblicke ich sie:

WAANDERS IN DE BROEREN

Was von außen zunächst einmal wie eine große gotische Kirche aussieht, die mit ihren haushohen Fenstern und den kupferroten Backsteinen zufrieden in der Mittagssonne schlummert, entpuppt sich beim Betreten als Eintausend-Quadratmeter-Buchhandlung, die wahrhaft ihresgleichen sucht.

Und so bleibe ich nach wenigen Schritten staunend bis ungläubig darin stehen und weiß gar nicht, wohin ich mich zuerst wenden soll: Diese Buchhandlung ist umwerfend schön!

Beinahe kommt es mir so vor, als gäbe es hier sogar mehr Licht als draußen – so viel Sonne bricht durch die großen Fenster der Südseite herein und wird auf die gegenüberliegende, schneeweiße Wand projiziert, von wo aus sie in sämtliche Richtungen abstrahlt und die unzähligen Schmuckverzierungen und Ornamente erst richtig zur Geltung bringt.

Aber auch aus östlicher Richtung, wo sich das buchhandlungseigene Café im Binnenchor der Kirche befindet, strahlt viel Licht in den hohen Raum. Dabei ist das mittlere Fensterglas der Apsis nicht transparent, sondern blau gefärbt und sorgt für einen ganz besonderen Akzent.

Atemberaubend schön: Das Buntglas im meterhohen Fensterbogen sorgt für außergewöhnliche Lichtverhältnisse in der Buchhandlung Waanders in de Broeren.

Ich drehe mich um und will mich gerade einer Buchhändlerin vorstellen, da entgegnet sie bereits: »Torsten?«

Ich nicke.

»Janny.«

Janny, die ihre brünett-grau melierten Haare im Nacken zusammengesteckt hat, begrüßt mich mit einem freundlichen Lächeln und führt mich zunächst einmal in den Personalraum, wo ich meine Tasche abstellen kann.

Erst vor einigen Tagen hatte ich mit Ellen Waanders, der Inhaberin, gemailt, und ihr von meinem Reiseprojekt erzählt. Wie ich nun von Janny erfahre, war das Projekt daraufhin ein großes Gesprächsthema unter den Buchhändlern, sodass mir die meisten von ihnen bereits über Facebook folgten und sie sich ausrechnen konnten, dass ich heute hier aufschlagen würde ... Verrückt!

Ich werde also zunächst weiteren Kollegen vorgestellt, bevor Janny mich einmal komplett durch die Buchhandlung führt. Die Waanders sind ein Familienbetrieb mit beinahe hundertachtzigjähriger Tradition, dem nicht nur die Buchhandlung angehört, sondern auch ein auf Kunstbücher und Bildbände spezialisierter Verlag.

Die Buchhandlung in der Broerenkirche, einem denkmalgeschützten Bauwerk aus dem 15. Jahrhundert, gibt es nun seit fast genau zwei Jahren.

Bei unserem Rundgang entdecke ich am westlichen Ende des Mittelschiffs, das zu beiden Längsseiten endlos lange Bücherregale beheimatet, ein parkendes Auto, das die Outdoor- sowie Reiseabteilung flankiert. Daneben führt ein Aufgang zur Empore mit einer Orgel hinauf, deren Pfeifen mit Goldornamenten und weißen Engeln verziert sind.

Während über der Belletristikabteilung *eine* zusätzliche Etage angebaut wurde, sind auf der Südseite gleich *drei* Etagen im Seitenschiff einzogen. Aufgrund des Denkmalschutzes wurden diese allerdings nicht fest verbaut.

Janny führt mich hinauf, wo es zunächst unter anderem Hörbücher, Musikalien und Do-it-Yourself-Produkte gibt, während ganz oben eine Kunstausstellung stattfindet.

Der Ausblick von der oberen Etage ist überwältigend schön – vor allem, wenn man vom westlichen Ende die gesamte Buchhandlung überblickt.

Erst jetzt, da ich an der Brüstung der oberen Ebene stehe, wird mir bewusst, dass hier alles in einem offenen Raum stattfindet. Auf einer Länge von mindestens sechzig Metern schmiegen sich beidseitig die mehrstöckigen Regalflächen an die etwa 15 Meter hohen Wände und werden im Deckenbereich auf der gesamten Länge von einem vierteiligen Kreuzrippengewölbe überthront.

Die Rippen kreuzen sich trapezförmig und bilden kleine Rechtecke, die von unzähligen Gemäldeverzierungen umrankt werden, während ganz hinten das Café anschließt, das vom wundervollen Blau des großen Ostfensters ausgefüllt wird.

Zusätzlich hängen an einigen Stellen aufwendig verschnörkelte Papierskulpturen von der Decke, die von dem One-Paper-Artist Peter Gentenaar angefertigt wurden und der Buchhandlung nun exklusiv zur Verfügung stehen.

Ich lasse meinen Blick nochmals durch das eindrucksvolle Rund schweifen, als Janny auf den Bereich zwischen Treppenaufgang und Infotheke deutet.

»Manchmal, wenn wir besondere Signierstunden abhalten, wie im vergangenen Jahr mit Tess Gerritsen, werden hier zusätzliche Möbel aufgebaut«, erklärt sie. »Und zur Weihnachtszeit finden sich zu beiden Seiten des Aufgangs festlich geschmückte Bäume, die bis zur zweiten Etage reichen. Fast schon eine zusätzliche Sehenswürdigkeit.« Sie schaut schmunzelnd in die Höhe.

Ich schließe für einen Moment die Augen und stelle mir vor, wie die Buchhandlung zu dieser Jahreszeit wohl aussehen mag.

Schließlich gehen wir wieder hinunter, wo ich Janny frage, wie es sich anfühlt, tagtäglich in dieser beeindruckenden Kulisse arbeiten zu dürfen. Sie überlegt, dann sagt sie: »*Every day is a little gift.*«

Auch ich könnte Stunde um Stunde in Waanders In de Broeren verbringen, so kurzweilig, einnehmend und fesselnd ist diese Buchhandlung. Und so bemerke ich auch gar nicht, wie schnell die Zeit vergeht, und muss mich am Nachmittag sputen, um rechtzeitig am Bahnhof zu sein.

In **Den Haag** angekommen, eile ich zum Taxistand. Nur eine gute halbe Stunde bleibt mir, um die nächste Buchhandlung, im Norden der Stadt, noch innerhalb der Öffnungszeiten zu erreichen. Der Taxifahrer, in dessen Taxi ist einsteige, nimmt die Herausforderung nicht nur an, sondern offensichtlich auch sehr ernst und fährt mit quietschenden Reifen los. Wie sich herausstellt, kann der junge Mann nicht nur schnell Auto fahren, sondern noch schneller sprechen. Binnen weniger Minuten hat Jahir mir nicht nur *seine* Lebensgeschichte erzählt, sondern ist bereits dazu übergegangen, auch *mich* auszufragen. Und dabei passiert es: Ich lasse mich im Gespräch über dies und das zu einer unbedachten Äußerung hinreißen, die Jahirs Weltbild von einer Sekunde auf die andere zusammenbrechen lässt. »Auch in Deutschland haben die Züge oft Verspätung«, merke ich unbekümmert an, woraufhin Jahir mich ungläubig anstarrt. Als er merkt, dass ich keinen Spaß mache, richtet er seinen Blick wieder nach vorn – womöglich hat er mir aber auch die Angst vor dem Gegenverkehr angesehen. »*German engineering*«, sagte er jetzt trotzig, »... sogar dieses Auto ist deutsch!«

Für eine Weile schweigen wir bedächtig, bevor Jahir mit einem neuen Vergleich aufwartet: »Ich glaube aber, dass die Taxen in Deutschland nicht so teuer sind wie hier.«

Ich blicke auf das Taxameter und nicke vorsichtig-freundlich, ich möchte ihn nicht erneut herausfordern.

Um 17.40 Uhr biegen wir schließlich von der Schnellstraße auf die Willem de Zwijgerlaan ein und halten an der Ecke Frederik Hendriklaan. Der Übergang zwischen beiden Straßen wird dabei von einer abgerundet-umlaufenden Häuserfront gebildet, die nicht nur auffallend schön ist, sondern in der sich nur ein einziges Geschäft befindet:

PAAGMAN

Jahir nickt mir bedeutsam zu und scheint innerlich versöhnt zu sein: Wir liegen sehr gut in der Zeit (»*German engineering!*«) – zudem kann er nun den Beweis antreten, dass niederländische Taxifahrten tatsächlich übermäßig teuer sind. »21,40 Euro«, sagt er daher nicht ohne Stolz. Ich gebe ihm 25 Euro und bin doppelt erleichtert, die Buchhandlung noch rechtzeitig erreicht zu haben.

Das niederländische Buchbranchenmagazin Boekblad hatte mir im Vorfeld meiner Reise diesen Tipp gegeben, und dem äußeren Anschein nach hat sich die etwas chaotische Anreise schon jetzt gelohnt: Die Fassade von Paagman ist in einer hochglänzenden Kirschholzoptik gehalten, die im Eingangsbereich von einem schwarzen Ornamentbogen aus Metall überlagert wird. An einigen Stellen sind goldene Blüten in dieses Kunstwerk eingewoben,

Oben Nicht nur von innen, sondern auch von außen strahlt die kürzlich restaurierte Buchhandlung Paagmann Liebe zum Detail aus.
Unten Bunt und einladend: Die Kinderbuchabteilung von Paagman ist ein wahres Paradies für kleine Leser und Entdecker.

und auch der Schriftzug der Buchhandlung, der über den beiden Haupteingängen angebracht ist, setzt sich mit seinen goldenen Lettern stimmig von der Holzoptik ab.

Ebenso einladend wie die Außenfassade ist der helle Eingangsbereich gestaltet – mit großen Zeitschriftenregalen und diversen Büchertischen auf der einen Seite sowie einer großzügig angelegten, frei stehenden Kassentheke auf der anderen Seite, die den Stil der Häuserfront aufgreift.

Ich stelle mich zunächst einer der Buchhändlerinnen vor und bedauer kurz vor Ladenschluss hier aufzuschlagen. Die junge Frau mit akkurat frisierten Pagenkopf und sommerlichen Blazer passt zum eleganten Erscheinungsbild von Paagman. Mit Blick auf meine Kamera bittet sie um Verständnis, dass sie kurz mit ihrem Chef telefonieren müsse – deutet mir zugleich aber an, dass ich mich ruhig schon umschauen soll, was ich gern tue.

Auch die weiteren Räume strahlen eine außergewöhnliche Atmosphäre aus: Während von der Straßenseite die Sonne durch die großen Fenster hereinbricht, trete ich ein wenig näher an die allesamt weiß gehaltenen Bücherregale heran und staune über die reichhaltige Auswahl an englischsprachigen Titeln. Und auch die außergewöhnlichen Dekorationselemente lassen mich immer wieder betrachtend verweilen, etwa vor dem Vogelkäfig, in dem ein Exemplar von Donna Tartts *Distelfink* schwebt.

Im Gespräch mit der Buchhändlerin erfahre ich, dass die Buchhandlung inzwischen in dritter Familiengeneration der Paagmans geführt wird. Erst kürzlich wurde nicht nur diese Buchhandlung aufwendig restauriert sowie ausgebaut, sondern auch eine zweite Buchhandlung in der Innenstadt eröffnet – und zwar in einer ehemaligen Filiale der insolventen Polare-Kette.

Die Buchhandlung in der Frederik Hendriklaan ist aber weiterhin ein Publikumsmagnet – nicht zuletzt aufgrund des integrierten Cafés Kicking Horse, das sich im hinteren Teil anschließt und neben kanadischem Kaffee allerhand Köstlichkeiten serviert. Außerdem werden regelmäßig attraktive Veranstaltungen angeboten; so war in der Vergangenheit bereits die Bestsellerautorin Elizabeth Gilbert für eine Lesung zu Gast, während im Herbst die Wombats für ein Minikonzert erwartet werden.

Das absolute Highlight sei aber die angeschlossene Kinderbuchhandlung Villa Paagman, die es nun seit knapp vier Jahren gibt, verrät mir die Buchhändlerin und lächelt zum ersten Mal entspannt. Sie weist mir den Weg durch einen roten Vorhang, der ein wenig an einen Zirkuseingang erinnert – und tatsächlich, so etwas habe ich zuvor überhaupt noch nie gesehen! Mit einem Mal finde ich mich in einer stilisierten Märchenwelt wieder. Jedes Bücherregal ist hier ein Kunstwerk und Unikat für sich: Ritterburg, verwunschener Schrank, Standuhr ... Und neben einer beleuchteten Straßenlaterne sitzt ein Mädchen von vielleicht fünf Jahren in einer Tasse, die ungefähr dreimal so groß ist wie es selbst, und hat Kopfhörer auf den Ohren, über die es scheinbar einem Hörbuch oder Hörspiel lauscht. Weiter hinten turnen zwei Kinder auf einer überdimensionalen Dekotorte umher, an die ein riesiger nachgebauter Kamin angrenzt. Ich drehe mich einmal um die eigene Achse und staune über all die wunderbaren Details, an die hier bei der Gestaltung gedacht wurde. Eine Mutter beobachtet mich amüsiert und ruft: »De mooiste kinderboekwinkel van Nederland!« (Die schönste Kinderbuchabteilung der Niederlande!) Jetzt bedauere ich umso mehr, dass ich auch nicht ausnahmsweise Fotos schießen darf.

... SCHON GELESEN?

Empfehlenswertes niederländischer Autoren:
Tirza, Arnon Grünberg
Die Geschichte von Blue, Solomonica de Winter
Ein feiner Herr und ein armer Hund, Adriaan van Dis
Der Vogel ist krank, Arnon Grünberg
Angerichtet, Herman Koch
Oben ist es still, Gerbrand Bakker
Die Zwillinge, Tessa de Loo

Regalkilometer voller Bücher und über allem der Duft von Vanille

2. Kapitel

GROSS BRITANNIEN

Umlaufende Bücherregale und hohe, stuckverzierte Decken: Die denkmalgeschützte Buchhandlung Waterstones Birmingham New Street mutet wie ein herrschaftlicher Palast an.

Die Fähre, die mich nach Harwich befördert, ist mindestens zweihundert Meter lang, weniger groß ist die Schlafkabine, in der es mir aber an nichts – außer Handyempfang – fehlt. Die Motoren laufen sich bereits warm, und kurz nachdem ich meine Kabine betrete, legt das Schiff auch schon ab.

Am frühen Morgen, nach kurzem Schlaf, gilt mein erster Griff der Fernbedienung des Kabinenfernsehers, wohl als Ersatz fürs Handy, das keinen Empfang hat: Sender 1 zeigt eine interaktive Europakarte, auf der ein GPS-Signal markiert, wo auf hoher See wir uns gerade befinden – jetzt sind wir noch eine gute Strecke von der Küste entfernt. Sender 2 bietet ein Kamera-Livebild vom Deck des Schiffes, das kurz vor Sonnenaufgang noch mit einem Schwarzbild gleichzusetzen ist. Sender 3 scheint sich an alle besorgten Tierhalter zu richten und zeigt im automatischen Perspektivwechsel ein paar Hunde, die in Transportboxen irgendwo unter Deck darauf warten, dass wir anlegen. Für einen Moment befürchte ich, dass Sender 4 die eigene Kabine zeigen könnte – als sich hier jedoch normale Fernsehsender anschließen, stehe ich erleichtert auf und gehe ins Bad. Frisch geduscht und rasiert, packe ich anschließend meine Sachen und tausche die Reiselektüre aus: Als Nächstes steht London auf dem Programm!

Doch statt der geplanten Zugfahrt – die Bahn hat wegen eines Stromausfalls den Verkehr vorübergehend eingestellt – geselle ich mich zu einer kleinen Reisegruppe, die an einem angrenzenden Kiesplatz neben den Gleisen im Regen steht und auf einen Bus wartet. Kurz darauf biegt das von allen ersehnte Gefährt auch schon um die Ecke.

»Wann werden wir in London sein?«, fragt die Dame vor mir den Fahrer, dessen Gesichtsausdruck bestens zum englischen Wetter passt.

»Vielleicht in zwei Stunden. Vielleicht in fünf. Dumme Frage. Das regelt der Verkehr«, antwortet der Mann hinter dem Steuer, steckt sich eine Zigarette an und winkt alle weiteren Passagiere durch. Auch ich nehme in einer der Sitzreihen Platz, obwohl ich bezweifle, dass mein Interrail-Ticket für diese Fahrt Gültigkeit besitzt.

Um kurz nach zehn befinden wir uns bereits in London.

An der Liverpool Street steige ich aus, hebe ein paar Britische Pfund ab und laufe wie zum Eingewöhnen erst mal durch die Gegend, genauer gesagt durchs Künstlerviertel im Norden der Stadt. Sowohl die Straßenkunst als auch die -märkte gefallen mir, wären da nur nicht immer wieder diese kurzen heftigen Regenschauer. Die Idee, ein Fahrrad zu leihen, begrabe ich sofort wieder. Zurück am Bahnhof Victoria Station kaufe ich ein Tagesticket und nehme die Underground zum Piccadilly Circus.

Glück für mich und mein Projekt: In London gibt es gefühlt keine Sonntage, und so sind die meisten Läden geöffnet. Auch diese Filiale der größten Buchhandelskette Großbritanniens:

WATERSTONES PICCADILLY

Auf den letzten Metern dorthin fällt mir plötzlich wieder diese kuriose Geschichte von einem amerikanischen Touristen ein, dem in der nur wenige Hundert Meter entfernten Schwester-Buchhandlung, Waterstones Trafalgar, der Traum aller Vielleser – unfreiwillig – zur Realität wurde: Der Texaner David Willis war am 16. Oktober 2014 versehentlich in der Buchhandlung eingeschlossen worden und avancierte damit noch in derselben Nacht zum Internethit.

Seine Twitter-Statusmeldungen aus der verschlossenen Buchhandlung, die von einem ersten vorsichtigen Hilferuf bis zum augenzwinkernden Rettungsmanöver reichten, wurden damals über fünfzehntausendmal geteilt und sorgten selbst international für Aufsehen. Zu übertreffen wäre dieses Ereignis wohl nur von einer Übernachtung in der größeren Filiale, nämlich Waterstones Piccadilly, gewesen, vor der ich nun stehe und die weitläufige Schaufensterfront bewundere.

Auch diese Buchhandlung steht dabei zunächst einmal ganz im Zeichen von Harper Lees *Go set a watchman* (*Gehe hin, stelle einen Wächter*), das am morgigen Montag seinen Erstverkaufstag feiern wird. Mehrere Plakate und Hinweisschilder kündigen nicht nur das Erscheinen, sondern auch ein exklusives »*Midnight Opening*« für die heutige Nacht an – auf den Spuren von David Willis würde ich also schon einmal nicht wandeln können.

Voller Bedacht betrete ich die Buchhandlung, in deren Eingangsbereich ein paar Treppenstufen ins hell ausgeleuchtete Foyer hinabführen. Mir fallen sofort die Blumen auf den Büchertischen auf, die eine große Auswahl an Neuerscheinungen, Bestsellern und persönlichen Favoriten der Buchhändler präsentieren. Erst beim genaueren Betrachten entdecke ich die wohldosiert angebrachten Hinweistafeln und Tippkärtchen, alle in einer schönen Schrift von Hand verfasst. Die Abteilung im Erdgeschoss, die sich ans Foyer anschließt, ist ebenso einladend gestaltet, hier füllt eine Auswahl der beliebtesten Kinderbücher und Regionaltitel die Regale. Dass Waterstones nicht kleckern möchte, zeigt sich im hinteren Bereich des Verkaufsraumes, aber ich meine nicht die riesige Informations- und Kassentheke, sondern das goldene Waterstones »W«, das über den Regalen an der Wand thront.

Ich schlendere ins Mezzanine, ein etwas höher gelegenes holzvertäfeltes Zwischengeschoss, das zum einen Geschenkideen jeglicher Couleur präsentiert und zum anderen ein kleines Café beherbergt, von dem man eine gute Aussicht auf die parallel verlaufende Jermyn Street hat, von der aus ein zweiter Eingang in die Buchhandlung führt. Eine Kaffeepause mache ich aber nicht, es liegen ja noch einige Etagen vor mir. »*Lose yourself in fiction, poetry and drama*«, prophezeit mir der Slogan auf einem Plakat im ersten Obergeschoss.

Dementsprechend ist diese Etage auch ausgestaltet: Zwischen all den endlosen Regalen finden sich immer wieder Sitzlandschaften mit urgemütlichen Sesseln, in denen diskutierende oder lesende Besucher sitzen.

Jetzt spreche ich einen Buchhändler an, der eine kleine Fliege an seinem Hemdkragen trägt, und mir zu berichten weiß, dass Waterstones Piccadilly – ganz offiziell – als größte Buchhandlung Europas gilt. Auf den siebeneinhalb Etagen werden über zweihunderttausend Bücher angeboten, und wenn man alle Regale aneinanderreihen würde, käme man auf eine Gesamtlänge von rund 13 Kilometern.

Der Buchhändler gewährt mir eine kleine Führung durch die Etage und präsentiert schließlich – nicht ohne Stolz – die Klassikerabteilung, in der eine Hinweistafel über die neu gegründete »*Classic Crime Bookgroup*« informiert, die in Kooperation mit der Nationalbibliothek stattfindet. Als wir zurücklaufen und er mir empfiehlt, auf gar keinen Fall das Café in der obersten Etage zu verpassen, von dem sich unter anderem schon die Bestsellerautorin Rainbow Rowell als großer Fan geoutet hat, fällt mein Blick auf ein Buch in grünem Einband, das in einem der Regale gleich mehrfach in der Vollansicht nebeneinandersteht: *The Bookshop Book* von Jen Campbell.

Ich schlage ein Exemplar vorn auf und lese: »*Bookshops are time machines, spaceshops, story-makers, secret-keepers, dragon-tamers, dream-catchers, fact-finders & safe places.*« Wie wahr! Auch ich weiß das Lesen, Recherchieren, Träumen und Weiterspinnen so sehr zu schätzen, Bücher eröffnen Welten.

Als wollte er meinen Gedanken bestätigen, fügt der Buchhändler an: »Oh ja – dieses Buch ist großartig! Jen Campbell ist nicht nur Autorin und Bloggerin, sondern selbst eine der bekanntesten und beliebtesten Buchhändlerinnen des Landes.«

Ich nicke ihm angemessen beeindruckt zu und versuche, mir nicht anmerken zu lassen, dass ich im Vorfeld meiner Reise schon den einen oder anderen persönlichen (Besuchs-)Tipp von Jen Campbell erhalten habe.

Ich verabschiede mich schließlich bei dem Buchhändler in Richtung des nächsten Obergeschosses und stelle dabei fest, dass an den Wänden im Treppenaufgang Fotos von vergangenen Veranstaltungen hängen: James Franco, Hillary Clinton, David Beckham, Keanu Reeves, Michael Bublé – die Oscar-Verleihung ist nichts dagegen.

Oben angekommen, schafft die Kinder- und Jugendbuchabteilung einen direkten Bezug zum Standort Piccadilly Circus, indem sie optisch einem großen Zirkus nachempfunden ist. Unter Girlanden und Lampions finden sich unzählige Bücher und Spielwaren, zwischen denen gestöbert, gelesen und Verstecken gespielt wird. Eine herrliche und weitläufige Spielelandschaft. In den weiteren Etagen sind vor allem Sachbücher zu finden, wobei sich ganz oben, im fünften Obergeschoss, das besagte Restaurant-Café befindet, das eine atemberaubende Aussicht auf die Umgebung bietet. Ich lehne mich für einen Augenblick an die Fensterscheibe und blicke über die Dächer des gesamten Viertels hinweg, wobei selbst die tief hängenden Regenwolken von hier oben – scheinbar – ein bisschen weniger trist und grau aussehen. Beinahe zwei Stunden habe ich am Ende im Waterstones-Flaggschiff verbracht, zwei kurzweilige und natürlich anregende Stunden. Und ich ziehe mit jeder Menge Fotomaterial sowie schönen Zitaten und Buchtipps weiter.

Nur wenige Meter von Waterstones Piccadilly entfernt, schräg gegenüber der Royal Academy of Arts gelegen, versprüht auch schon die nächste Buchhandlung royalen Charme:

HATCHARDS

Während das Gebäude ansonsten in einem schlichten Grauton gehalten ist, präsentiert sich die Fassade des Erdgeschosses in englischem Grün, was in Kombination mit den kleinteilig gerahmten Schaufensterelementen einen klassisch gediegenen Eindruck vermittelt.

Über der Eingangstür prangt ein golden gefasster Hatchards-Schriftzug, der von zwei Wappen eingerahmt wird, die auf den Buchhändlerstatus für den Prinz von Wales und den Herzog von Edinburgh, Prinzgemahl der Königin, verweisen.

Als wenn dies nicht schon eindrucksvoll genug wäre, ist darüber noch ein deutlich größeres royales Wappen angebracht, das auf den Buchhändlerstatus für die königliche Hoheit, Queen Elisabeth II., hinweist.

Links- und rechtsseitig davon flattern zwei Flaggen des Vereinigten Königreiches über dem Bürgersteig im Wind.

Oben Eindrucksvolle Fassade: Die Wappen zeugen u.a. von dem Buchhändlerstatus für die königliche Hoheit, Queen Elisabeth II.
Unten Die Präsentationstische werden bei Hatchards mit thematisch passenden Zitaten abgerundet.

Beinahe ehrfürchtig betrete ich die Buchhandlung und nehme augenblicklich einen ganz eigenen, angenehmen Geruch wahr, der leicht an Vanille erinnert.

Hatchards kommt mir wie ein Gegenentwurf zu Waterstones Piccadilly vor, obwohl es in den Neunzigerjahren just von dieser Buchhandelskette aufgekauft wurde. Davon ist hier und jetzt jedoch überhaupt nichts zu bemerken. Statt Hochglanzoptik und minutiös ausgerichteten Lichtsystemen überzeugt und betört Hatchards vor allem durch: Charme!

Die Einrichtung mit dem grüngrauen Teppich und den schwarzen Regalen ist eher dunkel gehalten und erinnert in ihrer Gesamtheit an ein englisches Herrenhaus. Wobei die Räume mitunter windschief sind und die Böden knarren. Ich liebe diese Buchhandlung vom ersten Augenblick an!

Im Eingangsbereich entdecke ich abermals das königliche Wappen an der Wand – gleich daneben: ein Regal mit diversen Erstausgaben. An der angrenzenden Theke stelle ich mich kurz vor und erfrage eine Fotoerlaubnis. Zu meiner Freude wird mir nicht nur diese, sondern auch eine kleine Einführungstour gewährt: Einer der Buchhändler, die übrigens alle ebenso vornehm-gediegen aussehen wie die Buchhandlung erscheint, geleitet mich durch das Erdgeschoss, in dem vor allem Neuerscheinungen, Regionalia, allgemeine Literatur sowie Bücher zum Thema Geschichte angeboten werden.

In seinem feinen Tweed-Sakko macht der ältere Buchhändler auf der gegenüberliegenden Seite halt und erzählt mir, dass die Buchhandlung 1797 von John Hatchard gegründet wurde, womit sie nicht nur die älteste Londons, sondern auch die zweitälteste von Großbritannien ist. Inzwischen wird sie in achter Generation geführt und gilt als eine britische Institution. Bereits früh zum Hoflieferanten des Königshauses avanciert, haben sich über die Zeit viele gute Beziehungen und Traditionen entwickelt, sodass Hatchards stets über signierte Ausgaben bekannter Autoren verfügt.

Ein besonderes Highlight ist auch der sogenannte Christmas Customer Evening, bei dem sich am Abend des letzten Donnerstags im November zahlreiche Kunden und bis zu 25 Autoren (!)

in der Buchhandlung zusammenfinden, um sich gemeinsam auf die Weihnachtszeit einzustimmen, und bei dieser Gelegenheit entsprechende Buchgeschenke signieren lassen.

Als ich davon höre, stelle ich mir vor, wie urgemütlich es dann in dieser ohnehin schon so einladenden Buchhandlung zugehen muss. Vor meinem geistigen Auge sehe ich Autoren, Buchhändler und Kunden gemeinsam Weihnachtslieder singen, während draußen – vor der Buchhandlung – die Piccadilly Street langsam einschneit.

Der ältere Buchhändler lächelt freundlich – und statt meinem Tagtraum weiter nachzuhängen, mache ich mich für einen Rundgang zum Treppenaufgang auf. Vorher bekomme ich jedoch noch eine gebundene Chronik des Unternehmens an die Hand, wofür ich mich herzlich bedanke.

Auf jeder Etage findet sich eine sogenannte Hatchards-Selection für die entsprechenden Abteilungen – so auch im ersten Obergeschoss, das ansonsten eine riesige Auswahl an Romanen und Erzählungen bereithält, die von Klassikern bis zu druckfrischer Unterhaltungsliteratur reichen. Und auch hier hat jemand fleißig Infoschilder für die Präsentationstische mit der Hand geschrieben – zum Beispiel lese ich das schöne Zitat von Cicero: »*A room without books is like a body without a soul*« – »Ein Raum ohne Bücher ist wie ein Körper ohne Seele«.

Im zweiten Obergeschoss erwartet die Kunden neben Koch- und Backbüchern eine große Kinderabteilung, die aus dem Gesamtbild der Buchhandlung heraussticht: Im Gegensatz zur restlichen Einrichtung sind die Schränke hier blau und die Tische weiß. Nachdem ich auch die Kunstbücher und Monografien im dritten Obergeschoss bewundert habe, verabschiede ich mich von den Buchhändlern und bleibe noch einmal kurz vor dem Schaufenster stehen. Ab sofort hat Hatchards definitiv einen Fan mehr!

Es ist inzwischen Nachmittag. Mit einem Sandwich im Magen und einem zweiten in der Tasche für später schlendere ich weiter durch die Stadt. Mein nächstes Ziel ist schließlich nur knapp einen Kilometer entfernt. Auf Höhe des Queen's Theaters an der Shaftesbury Avenue, das gerade für Les Misérables wirbt, fällt mir ein Mann auf. Er lässt sich in diesem Moment neben seiner scheinbar mit etwas Hausrat befüllten Supermarkttüte und einem Becher für Kleingeld auf dem Treppenabsatz vor dem Theater nieder und beißt in ein trockenes Brötchen. Kauend schaut er mit leerem Blick ins Nichts.

Kurz darauf kommt eine Taube hinzu, gurrt in seine Richtung und legt ihren Kopf dabei in Schräglage. Der Mann, der an diesem Tag wohl kaum mehr als dieses Brötchen zu essen hat, reißt zu meiner Überraschung ein Stück davon ab, zerteilt es nochmals und füttert mit den Brötchenstücken die Taube.

Sofort krame ich mein Sandwich aus der Tasche, gehe zu dem Mann hinüber und reiche es ihm.

»*Sir? This is for you if you like to*«, biete ich die kleine Mahlzeit höflich an.

Er lächelt etwas schief, legt aber umso ausdrucksstärker seine Hand auf die linke Brust und nickt mir zu.

Manchmal braucht man eben ein Vorbild.

... SCHON GEWUSST? DER DUFT, AUS DEM DIE BÜCHER SIND

Ältere Bücher duften oftmals nach einem Hauch von Vanille. Grund hierfür: Während das Papier heutzutage stärker bearbeitet und gebleicht wird, enthielt es früher noch den Stoff Lignin, dessen Name vom lateinischen »lignum« für Holz abgeleitet wurde.

Dieser organische Stoff wird heutzutage unter anderem dafür verwendet, um den Duft und Geschmack von Vanille synthetisch herzustellen – das heißt, Lignin ist ganz offiziell so etwas wie ein Vanille-Doppelgänger.

Da Lignin aber nicht nur gut duftet, sondern auch dazu beiträgt, dass Papier im Laufe der Zeit vergilbt, wird der Stoff heutzutage bei der Papierverarbeitung chemisch entfernt.

Wenig später erreiche ich die Kreuzung Charing Cross Road, in die ich links einbiege. Gleich gegenüber dem Phoenix Theatre, das großformatig die Aufführung von *Bend it like Beckham* bewirbt, befindet sich der neue Flagship-Store von:

FOYLES

Erst vor rund zwei Jahren hat die traditionsreiche Buchhandlung diesen neuen Standort bezogen, nachdem sie zuvor – für ein Jahrhundert! – wenige Meter entfernt residierte.

... SCHON GEWUSST? JÓLABÓKAFLÓÐ – DAS WEIHNACHTEN DER BÜCHERFREU(N)DE

Neue Bücher werden in Island traditionell zur Weihnachtszeit veröffentlicht. Um umfassend über die entsprechenden Titel zu informieren, erscheint dabei zunächst immer der Bókatíðindi, der so etwas wie den Bücherkatalog des Jahres darstellt und kostenlos an alle Haushalte des Landes verteilt wird.

Es entspricht der isländischen Tradition, dass jede Person dabei mindestens ein Buch sowie eine Schokoladensüßigkeit erhält.

Für den neuen Bau ist Foyles bereits mit zwei Architekturpreisen ausgezeichnet worden – dementsprechend bin ich gespannt, als ich die Buchhandlung betrete.

Wie auch schon bei Waterstones Piccadilly scheint das weitläufige Erdgeschoss das Herzstück der Buchhandlung zu sein. Während sich zur einen Seite der zentrale Kassenbereich mit einer angeschlossenen Geschenke- und Regionalabteilung befindet, erwarten die Besucher auf der anderen Seite nicht nur aktuelle Bestseller, sondern auch eine Vielzahl an Kunst- und Designbüchern sowie Fotobänden.

Die gesamte Gestaltung ist dabei an einen modernen Industriestil angelehnt: Das Erdgeschoss ist ein einziger offener Raum und verfügt über hellgraue Wände und hellbraune Regale, die allesamt von Einzelspots ausgeleuchtet werden. Die Beleuchtung sowie die gesamte Elektronik ist mit Metallrohren und -leisten an der Decke verkleidet, was den schicken Loftcharakter noch verstärkt.

Ich stelle mich am Informationsschalter vor und habe Glück: Maria, eine der leitenden Angestellten des Ladens, begrüßt mich herzlich. Von ihr erfahre ich, dass das Geschäft zu Beginn des 20. Jahrhunderts von den Brüdern William und Gilbert Foyle gegründet wurde und sich viele verrückte Rekorde und Geschichten um die Historie ranken: Zwischenzeitlich war Foyles nicht nur die größte Buchhandlung der Welt, sondern – unter der Führung von William Foyles Tochter Christina – vielleicht auch die exzentrischste, wodurch die Buchhandlung ihren Kultcharakter untermauerte.

So wurden die Bücher beispielsweise nicht nach Themen und dem Autorenalphabet sortiert, sondern nach dem Verlagsnamen.

Außerdem habe man sich damals für einen einfachen Buchkauf gleich mehrfach anstellen müssen: Ein erstes Mal, um einen Rechnungsbeleg mitsamt dem entsprechenden Buch ausgehändigt zu bekommen, und ein weiteres Mal, um den Titel dann auch zu bezahlen. Als Maria mit dieser Geschichte schließt, kann sie sich ein amüsiertes Grinsen nicht verkneifen.

Seit rund 15 Jahren führt nun jedoch der Foyles-Neffe Christopher die Geschäfte, der nicht nur eine umfassende Modernisierung vornahm, sondern erstmals in der Unternehmensgeschichte auch einen Geschäftsführer ins Haus holte, der nicht aus der Familie stammt. Zu der Umstrukturierung gehörte auch der Bezug des neuen Standorts, in dem zuvor eine Hochschule für Kunst und Design ansässig war und der anschließend für zwei Jahre umgebaut wurde.

Auf den insgesamt acht Etagen, von denen die oberen beiden ein Café sowie eine ausschließliche Veranstaltungsfläche beherbergen, arbeiten aktuell rund achtzig Buchhändler, die alle in ihrem Zuständigkeitsbereich wahre Experten sind. »Überzeug dich gern selbst davon«, lädt mich Maria lächelnd und mit einer entsprechenden Kopfbewegung ein. Für spätere Rückfragen schreibt sie mir noch ihre E-Mail-Adresse auf ein Lesezeichen mit folgendem Aufdruck: »*Welcome booklover, you are among friends.*« Wie unter Freunden, so fühle ich mich tatsächlich oft in Buchhandlungen ...

Im hinteren Teil des Erdgeschosses sowie in den anderen Etagen verwandelt sich das Bücherloft zu einer modernen Galerie – so hat man zum Beispiel aus der ersten Etage, in der die Belletristik zu Hause ist, einen freien Blick bis ins Untergeschoss, in dem es Kinder- und Jugendbücher gibt.

Der Galeriecharakter findet sich auch in den übrigen Treppenaufgängen wieder, wo in die Wände Flächen für die Präsentation von Büchern oder Kunstwerken eingelassen sind – fürsorglich versehen mit Empfehlungen oder Hinweisen der Buchhändler.

Im Aufgang zwischen der ersten und zweiten Etage fällt mir dabei die offenbar druckfrische Paperback-Ausgabe von Anthony Doerrs *All the Light We Cannot See* (*Alles Licht, das wir nicht sehen*) ins Auge, deren Cover mit dem Hinweis auf den Pulitzerpreis ein echter Hingucker ist. Es zeigt das Bild einer Stadt unter einem bedrohlich wolkenbehangenen Himmel, an dessen Ende ein paar Sonnenstrahlen durch die Decke brechen und somit auf eindrucksvolle Weise den traurig-schönen Rahmen des Plots abstecken. Ich greife ein Exemplar heraus und stelle fest, dass es für eine britische Paperback-Ausgabe recht hochwertig gefertigt wurde, während ich mir den rückseitigen Klappentext durchlese, der die Geschichte verortet: Saint-Malo im Jahr 1944.

Nachdem ich das Buch zurückgestellt habe, durchstöbere ich die CD- und DVD-Abteilung sowie die weiteren Obergeschosse mit ihren Sach- und Fachbüchern, bevor ich im hauseigenen Café ankomme, wo ich für eine Weile die Aussicht genieße.

Von hier oben kann man nicht nur in jede Etage spähen, sondern hat vor allem einen tollen Blick auf den großen Durchgangsbereich im Erdgeschoss. Während im Randbereich einige Besucher auf den Sitzmöbeln Platz genommen haben und dort lesen oder warten, kann man dazwischen auch wunderbar beobachten, wie *viele* Kunden sekündlich die Buchhandlung betreten. Eine große Überraschung ist dies natürlich nicht: Foyles ist schlichtweg ein Traum von einer Buchhandlung!

Der für mich hier aber nun leider enden muss; erschrocken stelle ich nämlich fest, dass es bereits 16.40 Uhr ist.

Ich winke Maria zum Abschied noch einmal zu, gehe auf die Straße hinaus und zücke meinen Stadtplan, der auch über die U-Bahn-Verbindungen informiert – etwas mehr als eine Stunde bleibt mir noch.

Im Nieselregen laufe ich die Charing Cross bis zur Tottenham Court Road hinauf, von wo aus ich mich mit der U-Bahn in den Nordwesten begebe.

Als ich über den Ausgang Regent's Park die U-Bahn verlasse, empfängt mich ebenerdig heftiger Platzregen. Ich überlege: Abwarten bis der Schauer vorüber ist oder rennen und nass werden? Dann sprinte ich auch schon los, denn ich möchte nicht riskieren, vor verschlossenen Türen zu stehen.

Um 17.40 Uhr erreiche ich patschnass die Marylebone High Street, in der es ausschließlich kleine, besondere Geschäfte und Cafés beziehungsweise Bars gibt, wie auch mein nächstes Tagesziel:

DAUNT BOOKS

Die dunkelgrüne Fassade, in die die Fenster eingelassen sind, erinnert mich an Hatchards, wobei die kleinteiligen Rahmenelemente an den Fenstern hier aus antik wirkendem Holz gefertigt sind. Daunt Books verfügt über zwei Eingänge, von denen ich den rechten wähle. Wohl wissend, dass meine Erscheinung nach dem Lauf durch den Platzregen und auch nach dürftigem Trockentupfen nicht allzu seriös wirken kann, stelle ich mich und mein Reiseprojekt mit einem entschuldigenden Lächeln vor. Der Buchhändler, der kaum älter ist als ich – er könnte sofort als der jüngere und größere Bruder von Hugh Grant durchgehen –, zwinkert belustigt und entgegnet trocken: »*Welcome to London, Sir!*«

Beim Umherschlendern erzählt er mir dann ein wenig über die Geschichte der Buchhandlung: Daunt Books, benannt nach dem Gründer James Daunt, existiert zwar erst seit 1990, verfügt inzwischen aber schon über fünf weitere Filialen. Das edwardianische Haus, in dem sich Daunt Books in der Marylebone High Street befindet, wurde bereits vor einhundert Jahren vom britischen Antiquar Francis Edwards fertigstellt und 1990 von James Daunt übernommen. Lediglich der Anbau kam im Laufe der Neunzigerjahre erst hinzu.

Aber nicht nur der Buchhändler, auch die bei jedem Schritt leise knarrenden Dielen und die dunklen Antikholzregale scheinen einem aus vergangenen Zeiten zu erzählen.

Die hellen Decken und lichten Hängeleuchten aus Messing und grünem Glas unterstreichen den feinen Charme und sorgen gleichzeitig für das freundliche Ambiente.

Während es im vorderen Ladenbereich zu beiden Seiten vor allem Romane, Krimis, ein paar Sachbücher und Notizbücher gibt, schließt sich links die Kinder- und Jugendbuchabteilung daran an. Im rechten Teil erwartet die Kunden dann die Reiseabteilung, die nicht nur optisch ein echter Hingucker ist. Auf eine dunkelgrüne Wand zulaufend, in die ein großes, weiß gerahmtes und schmuckvoll verziertes Fenster eingelassen ist, finden sich hier zu beiden Seiten meterlange Bücherregale, in denen die

Im Untergeschoss geht es weiter: Die Reiseabteilung umfasst gleich zwei Etagen und bietet nicht nur Ratgeber, sondern auch Romane, die sich mit den entsprechenden Ländern beschäftigen.

Titel nach Ländern sortiert sind und klassische Reiseführer sowie regionale Erzählungen zusammenbringen.

Dank einer eingezogenen Balkonebene findet das Ganze über zwei Etagen in einem offenen Raum statt; dieser wird vom in die Decke integrierten Glasdach mit viel Tageslicht ausgeleuchtet.

Zusätzlich führt hier eine Treppe ins Untergeschoss, in dem weitere Reisebücher angeboten werden und vom dem ich weiß, dass es einer der absoluten Lieblingsorte Jen Campbells ist.

Wenn man den Treppen ins Untergeschoss folgt, nimmt man dort sogleich eine Mischung aus einem holzig-ledrigen Geruch wahr. Letzterer kommt daher, dass sich vor allem hier viele ältere und in Leder gebundene Reisebücher finden, mit denen man es sich in einem der Sessel gemütlich machen und in ferne Länder abtauchen kann.

James Daunt hat anscheinend ein Händchen dafür, Kunden bei ihren Wünschen abzuholen und in neue Bücherwelten mitzunehmen. Und so verwundert es auch nicht, worüber ich schon vor meiner Reise gelesen habe: Die britische Buchhandelskette Waterstones wurde 2011 von der Musik-Einzelhandelskette HMV an den russischen Milliardär Alexander Mamut verkauft. Da dieser ein begeisterter Kunde von Daunt Books ist, übertrug er James Daunt kurzerhand den Auftrag, den damals kriselnden Filialisten mit seinen rund dreihundert Buchhandlungen wieder auf Kurs zu bringen. Das fand ich bislang schlicht kurios, jetzt verstehe ich es!

Als ich von Daunt Books auf die Straße hinaustrete, gleicht die Marylebone High Street einem glänzenden See. Vielleicht ist es dieses Bild einer wahren Bücherinsel, das mich erneut einen Wettlauf gegen die Zeit wagen lässt: Noch bis neunzehn Uhr könnte ich – im Gewässer des Paddington Basin – eine echte schwimmende Buchhandlung erleben:

WORDS ON WATER

Die Graham Street, auf der ich mich nach einem längeren Fußmarsch befinde, scheint jedoch in einen Kanalärmel zu führen, weswegen ich zurücklaufe und den Hauptkanal überquere. Inzwischen ist es 18.56 Uhr! Mist!

Von der Brücke führt ein Kiesweg direkt ans Ufer hinunter, dem ich in einem Anflug leichter Verzweiflung folge. Zwar haben hier zahlreiche Boote am Kanal angelegt, doch nirgendwo erblicke ich die schwimmende Buchhandlung.

Ein nächster Blick auf die Uhr lässt mich endgültig ernüchtern: 19.02 Uhr ... Chance verpasst! Vor der nächsten Brücke sitzt ein scheinbar angetrunkener Mann in einer gelben Regenjacke auf einer Bank und singt vor sich hin. Ich wähne ihn als meine allerletzte Hoffnung (ausgerechnet!) und frage ihn nach Words on Water.

Der Seemann sieht verstört auf und versteht erst einmal gar nichts. Als ich ihm einzelne Begriffe zuwerfe – »*Books?*«, »*Boat?*« – scheint es bei ihm jedoch zu klingeln.

»Ahhh ... nein. Das Schiff ist nicht hier. Es war immer hier, aber jetzt nicht mehr. Jetzt ist es irgendwo bei King's Cross, was weiß ich.« Das ist der offenkundige Nachteil einer schwimmenden Buchhandlung: Die Adresse kann sich (zu) schnell ändern. Und da ausgerechnet am morgigen Montag der ausgemachte Ruhetag von Words on Water sein wird, steht bereits jetzt fest, dass ich diese Buchhandlung verpasst habe. Ich ärgere mich doppelt.

Dabei hätte ich das Inhabertrio von Words on Water, das seit 2011 aus einem geheimnisvollen französischen Kapitän, dem das Schiff gehört, sowie Paddy Screech und John Privett besteht, nur zu gern kennengelernt – und die beiden Hausbootkatzen natürlich auch. Ich hatte mir das so richtig schön ausgemalt, denn vor allem im Sommer soll man bei Words on Water nicht nur Literaturklassiker kaufen, sondern auch Livemusik lauschen können.

Immerhin holt mich das Glück am Ende des Tages auf dem Weg zu dem kleinen Hotel nahe Paddington Station noch einmal ein, als mich ein freundlicher Busfahrer trotz des Verlusts meines Tagestickets in den Bus hineinwinkt.

Am nächsten, meinem vierten Reisetag erreiche ich gegen elf Uhr **Oxford**. Die Wolken hängen auch hier sehr tief – es regnet aber nicht. Ich passiere den Fahrradstellplatz, der größer erscheint als die gesamte Bahnhofshalle, biege auf die Park End ein und überquere den Castle Mill Stream, an den sich direkt hinter einer efeubewachsenen Brückenmauer das Worcester College anschließt.

Für mich geht es jedoch weiter geradeaus, und während mir auf der George Street ein paar asiatische Touristengruppen entgegenkommen, wird mir erst bewusst, wie attraktiv Oxford für Besucher ist: Es wirkt klassisch schön und überrascht mich in diesem Teil der Stadt mit durchweg roten Backsteinhäusern, die sich an den schmalen Fußweg der Passierstraße schmiegen. Die Häuserreihen werden immer wieder von Parks und englischen Gärten abgelöst – so auch im Übergang zur Broad Street, wo linksseitig eine imposante Kirche in einem umzäunten Park thront. Gleich davor steht eine weitere Touristengruppe mit Reiseleiterin, deren Vortrag ich kurz lausche: Bei der Kirche handelt es sich demzufolge um die St. Mary Magdalen, die über eintausend Jahre alt ist und früher ein Teil der Stadtmauer war. Gleich gegenüber der Kirche befindet sich eine weitere Waterstones-Buchhandlung; ich steuere diesmal jedoch ein anderes Ziel an und biege in die Broad Street ab.

In diesem Bereich wirkt Oxford deutlich weniger städtisch, sondern eher königlich-elitär. Ich verlangsame meine Schritte und bewundere auf der immer breiter werdenden Straße das wie ein Schloss anmutende Balliol College mit dem angeschlossenen Parkgelände, bevor ich endlich angekommen bin:

BLACKWELL'S BOOKSHOP

Schräg gegenüber dem zugehörigen Poster- und Kunstgeschäft ist die Buchhandlung sowie das Musikaliengeschäft von Blackwell's beheimatet. Die Ladenfront mit ihren zwei Eingängen und der

»Größter bücherführender Einzelraum«: Mit einer Größe von rund 1.000 Quadratmetern und 5 Regalkilometern steht der Norrington Room im Guinness Buch der Rekorde.

herausgestellten Markise ist in einem kräftigen Blauton gehalten, während der Rest des Gebäudes – ebenso wie die angrenzenden Häuser – in einem schlichten Grau daherkommt.

Nicht nur deshalb fällt Blackwell's unweigerlich ins Auge; das gesamte Erscheinungsbild der Buchhandlung, die sich über die Broad Street 48 bis 51 erstreckt, lädt zum Einkehren ein.

Mit David, dem Ground Floor Manager, setzt sich der freundliche Eindruck des Hauses fort, er lässt es sich nicht nehmen, mir alles zu zeigen.

Im ersten Moment meine ich, mich ein wenig an Daunt Books erinnert zu fühlen, wobei die Decken hier etwas niedriger sind und das dunkle Antikholz der Regale mit blauen statt grünen Elementen zusammenspielt. Im vorderen Bereich führen die schmalen, langen Räume allgemeine Literatur und – im Anschluss daran – Kinderbücher, außerdem gibt es DVDs, Geschenkartikel und Regionalia. Als ein weiterer schmaler Gang, an dessen Ende die Bücher des Monats präsentiert werden, schließlich in drei Abzweigungen übergeht, von denen eine ins Treppenhaus führt, habe ich endgültig die Orientierung verloren und fühle mich wie in einem Bücherlabyrinth.

Just in diesem Moment dreht sich David zu mir um und bedeutet mir mit einem Nicken, dass wir den mittleren Gang wählen.

Wir gehen also weiter geradeaus – und nur wenige Meter weiter stockt mir der Atem: Die scheinbar kleine und verwinkelte Buchhandlung öffnet sich mit einem Mal zu einem riesigen offenen Raum, der wie eine umgekehrte Pyramide auf fünf Halbetagen nach unten führt. David lacht über mein Staunen und erzählt mir, dass wir uns im Norrington Room befinden, der vor allem Fach- und Sachbücher führt. Der Name ist nicht nur an den Präsidenten des angrenzenden Trinity Colleges angelehnt, der Raum verläuft sogar unterirdisch darunter. Mehr noch: Auf rund eintausend Quadratmetern finden sich hier an die fünf Regalkilometer Bücher, weshalb der Norrington Room als »größter bücherführender Einzelraum« im *Guinness-Buch der Rekorde* gelistet wird. Ob mit oder ohne Rekord: Die Architektur ist sagenhaft!

Während sich David einstweilen um etwas anderes kümmern muss, bummle ich weiter und entdecke das hauseigene Antiquariat, in dessen Mitte eine abgeschlossene Glasvitrine steht. Darin mache ich viele limitierte Auflagen und Sonderausgaben aus, die zum Teil dreitausend Pfund kosten – und dann entdecke ich noch einen ganz besonderen Titel: Edward Fitzgeralds Erstausgabe von *Rubaiyat of Omar Khayyam* (die berühmte Nachdichtung Omar Khayyams orientalischer Lyrik) aus dem Jahr 1859 – der stolze Preis: VIERZIGTAUSEND BRITISCHE PFUND! Ich mache ein Foto davon und gehe langsam, weil vollkommen überwältigt, zurück, während ich mutmaße, wie hoch der Gesamtwert der Glasvitrine wohl sein mag.

... SCHON GEWUSST? HOGWARTS AT HOME

Harry Potters Zauberkünste entfalteten ihre Wirkung auch außerhalb der Romane von J. K. Rowling auf magische Art und Weise.

Als 2007 der siebte und (vermeintlich) letzte Harry-Potter-Band angekündigt wurde, spielte die britische Buchhandelskette Waterstones kurzzeitig mit dem Gedanken, zum Erscheinen des Titels ein Notruftelefon für alle verzweifelten Harry-Potter-Fans einzurichten. Der Grund: Man nahm an, dass der weltberühmte Zauberlehrling zum Ende des Bandes sterben müsse, und sorgte sich dementsprechend um das psychische Wohlergehen der zahlreichen Leser.[1]

2012 gab es dann eine Studie, die zeigt, dass diese Sorge eigentlich umsonst war. Harry Potter erwies sich im Gegenteil als sehr förderlich für die Gesundheit seiner jungen Fans. Der Studie zufolge halbierte sich die Anzahl der Kinder, die in ein Krankenhaus eingeliefert werden mussten, an jenen Wochenenden, an denen ein neuer *Harry-Potter*-Band erschien.[2]

Wer da nicht an den Zauberspruch »*Rennervate!*« glaubt, der geschwächten Personen wieder neue Kraft gibt ...

In dem unterirdischen Gängelabyrinth gibt es auch eine Anbindung zum nebengelegenen Musikaliengeschäft; ich wähle nun jedoch den Treppenaufgang, der in zwei weitere Etagen emporführt. Während ganz oben Klassiker, historische Titel und eine weitere antiquarische Abteilung warten, sind im ersten Obergeschoss vor allem Sachbücher und ein kleines Café untergebracht.

Als ich gerade im Begriff bin, ein Literaturposter zu kaufen, werde ich von Euan Hirst, dem Academic Manager und Direktor des Shops, angesprochen. Er bietet mir an, einen exklusiven Blick hinter die Kulissen werfen zu können.

Natürlich nehme ich dieses wunderbare Angebot sehr gern an, und so zeigt er mir das Büro von Benjamin Henry Blackwell, der die Buchhandlung 1879 an genau dieser Stelle gründete.

In der Anfangszeit maß die Buchhandlung dabei nur zwölf Quadratmeter und bot um die siebenhundert Bücher an; heute verfügt Blackwell's nicht nur über die Buchhandlung in der Broad Street, sondern hat über vierzig Ableger in Großbritannien und beschäftigt rund eintausend Mitarbeiter.

Seit rund einhundertzwanzig Jahren verlegt Blackwell's zudem eigene Bücher, was für einige der entsprechenden Autoren in der Vergangenheit schon den Beginn einer großen Karriere bedeutete. So erschien

1 http://www.sueddeutsche.de/leben/literatur-notruf-fuer-harry-potter-fans-1.244546

2 http://www.bz-berlin.de/artikel-archiv/studie-zeigt-wer-harry-potter-liest-kommt-seltener-ins-krankenhaus

J. R. R. Tolkiens märchenhaftes Gedicht *Goblin Feet* 1915 bei Blackwell's, sein Debüt als Buchautor.

Ich plaudere mit Euan noch ein wenig über meine Reisepläne und die Situation unabhängiger Buchhandlungen, bevor ich mich am Mittag schweren Herzens verabschiede.

Bevor ich mich nämlich auf den Weg zurück zum Bahnhof mache, möchte ich noch zum Trinity College, das gleich um die Ecke liegt und von einer Palisade umgeben wird, sodass man einen eindrucksvollen Blick auf das gesamte Gelände hat.

Im satten Grün des umlaufenden Gartens ist das College samt Kapelle in einem großen Parkareal gelegen und wäre somit höchstwahrscheinlich auch ohne die Historie und seinen *Harry-Potter*-Bezug (das Trinity College dient als Hogwarts-Kulisse) ein beliebtes Fotomotiv.

Mit dem Zug geht es von Oxford weiter landeinwärts nach **Birmingham**, das ich gegen Nachmittag erreiche.

Auf den ersten Blick scheint sich die zweitgrößte Stadt Englands gerade in einem gewaltigen Umbruch zu befinden: Während der Hauptbahnhof New Street hochmodern erscheint – ich fühle mich fast wie in einem überdimensionierten Ufo, das mitten in der Stadt gelandet ist – grenzen ringsherum viele kleine und große Baustellen an.

Zum Glück habe ich es diesmal nicht weit, denn die New Street verläuft parallel zum Bahnhof – und gleich auf der Ecke zur Stephenson Street befindet sich mein nächstes Ziel:

WATERSTONES BIRMINGHAM NEW STREET

(inzwischen leider geschlossen)

Die Buchhandlung ist in einem viktorianischen Bankgebäude beheimatet, das von einem schmuckvollen Metallzaun umgeben ist und inmitten der angrenzenden Baustellen wie ein Ruhepol wirkt. Zur linken Seite des Hauses ist eine Medaille an der Fassade angebracht, die darauf hinweist, dass die Buchhandlung 1994 mit dem Birmingham Design Award ausgezeichnet wurde.

Die Stufen zur Eingangstür werden beidseitig von zwei massiven korinthischen Säulen flankiert, die das Vordach des Hauses in Form eines kleinen Balkons tragen. Die schwere Holztür selbst wird im Gemäuer von kleinen Laubverzierungen umrankt, aus deren Mitte ein bärtiger König hervorsticht.

Nach dem Eintreten muss ich als Erstes feststellen, dass sich selbst *in* der Buchhandlung eine Baustelle befindet: Auf dem zentralen Treppenaufgang steht ein Gerüst, das offenbar die obere Ebene stützt – dem eindrucksvollen Gesamtbild tut dies jedoch keinen Abbruch. Nicht nur durch die Höhe des Gebäudes, die von innen komplett einsichtig ist, wirkt die Buchhandlung beinahe wie ein herrschaftlicher Palast. Über den durchlaufenden Bücherregalen im Erdgeschoss befinden sich linksseitig große, lichtdurchflutete Fensterbögen, während auf der gegenüberliegenden Seite eindrucksvolle Gemälde die Wand schmücken. Von der aufwendig verzierten Decke, die im Mittelbereich offen ist und somit einen Blick in die oberen Etagen gewährt, hängen antike Leuchten herunter, die ebenso für zusätzliches Licht sorgen wie die über allem thronende Glaskuppel des Gebäudes.

Nachdem ich mich bei den Buchhändlern vorgestellt habe, die mir erzählen, dass es sich hierbei um ein denkmalgeschütztes Gebäude aus dem Jahre 1867 handelt, gehe ich die Treppe hinauf und bin immer wieder aufs Neue begeistert, wie wunderbar die Architektur mit der Buchhandlung verwoben ist. Hinter Balkonen und Balustraden schlängeln sich im ersten Obergeschoss vor allem Jugendbücher und Spannungsromane in den Regalen die Wände entlang – und die Aussicht ist aus schlichtweg jeder Position fantastisch!

Im zweiten Obergeschoss, das unmittelbar an die Glaskuppel angrenzt und somit in ein hellblaues Licht getaucht ist, finden sich in erster Linie Fach- und Sachbücher, darunter auch eine sehr gut sortierte Reiseabteilung. Im vorderen Bereich gibt es außerdem eine große Leseecke, die einen direkten Zugang zu dem kleinen Balkon bietet, den ich schon vor der Buchhandlung stehend ausgemacht habe.

Ich setze mich zu einem älteren Herrn und greife nach dem Titel, der nicht nur auf dem mittig platzierten Tisch empfohlen, sondern auch gerade von meinem Leseecken-Gegenüber angelesen wird: *Microadventures*. Der Autor des Titels, Alastair Humphreys, ist dem Vernehmen nach ein Abenteurer, der in diesem Buch die schönsten und außergewöhnlichsten Miniabenteuer porträtiert, die man vor der eigenen Haustür erleben kann. Ich blättere in dem Buch und stelle mir dabei vor, von welchem der vorgestellten Abenteuer sich wohl der ältere Herr zur Nachahmung inspirieren lassen könnte: Die nächtliche Schwimmtour oder doch vielleicht eine Gartenübernachtung im Schlafsack?

Ein Blick auf die Uhr bedeutet mir, dass ich es wohl nicht mehr herausfinden werde, wenn ich es noch zur letzten geplanten Tagesstation schaffen möchte.

Im gut gefüllten CrossCountry-Zug fahre ich Richtung Nordosten zum Bahnhof von Burton-upon-Trent, wo ich aussteige.

Da es inzwischen siebzehn Uhr dreißig ist, muss ich nicht lange überlegen und wende mich anschließend dem einzigen vor dem Bahnhof wartenden Taxi zu. Der Fahrer, ein älterer Inder, der einen grauen Vollbart und eine bunte Kurta sowie einen Pagri-Turban trägt, verspricht mir, dass die Fahrt nicht länger als zehn Minuten dauern und maximal zehn Pfund kosten wird.

Ich erkläre mich damit einverstanden, und so fahren wir über die Lichfield-Schnellstraße zur abgelegenen Barton Marina.

Als wir in das kleine Hafengelände einbiegen, sind 15 Minuten vergangen und das Taxameter fordert knapp 15 Pfund.

Als kleine Wiedergutmachung bietet der Taxifahrer an, für die Dauer meines Aufenthalts in der Nähe zu warten, und speichert mir seine Rufnummer ins Handy ein.

Ein weites Tor führt in den Innenhafen, der im Grau des verregneten Sonntagabends ziemlich verlassen aussieht. Meine Blicke fahren das weite Rund ab, und da sehe ich es auch schon:

THE BOOK BARGE

(inzwischen leider geschlossen)

Nachdem ich die erste schwimmende Buchhandlung auf meinem gestrigen London-Trip noch denkbar unglücklich verpasst habe, bin ich erleichtert, dass mein zweiter Versuch nun von deutlich mehr Erfolg gekrönt ist – so scheint es jedenfalls.

Ich laufe die Uferpromenade hinunter und bewundere währenddessen, wie ruhig der Kahn im Wasser liegt. Die Fassade ist durchgängig schwarz gehalten; nur die Fenster und Türen setzen sich durch ihre im Goldton lackierten Rahmen von dem Rest ab. An der dem Ufer zugewandten Seite findet sich außerdem noch ein goldenes Schild am Schiffskorpus: »THE BOOK BARGE – Boatique Bookselling«.

Erst als ich unmittelbar vor dem Bücherschiff stehe, bemerke ich, dass nicht nur ein ungeheurer Charme und mindestens ebenso viel Eleganz von dem Boot ausgehen, sondern eindeutig auch *zu viel* Stille: Das Hauptfenster ist von innen abgehängt – die Türen an Heck und Bug sind verschlossen.

Zaghaft klopfe ich an ein Fenster. Ein wenig Hoffnung ziehe ich vor allem aus der Tatsache, dass auf dem kleinen Terrassenvorbau am Schiffsbug ein Fahrrad steht – doch es tut sich nichts.

Ich laufe die Uferpromenade weiter, in einem Café erfahre ich von der Barista, dass The Book Barge an Sonntagen neuerdings geschlossen hat.

Zurück im Hafen schieße ich ein paar Erinnerungsfotos von der Buchhandlung, während ich zu dem Schluss komme, dass mir Bücherboote auf dieser Reise kein allzu großes Glück bringen.

Im Falle von The Book Barge tut's mir besonders leid, denn die Geschichte dieser Buchhandlung und der damit verbundenen Idee ist so außergewöhnlich schön, dass ich von *The Bookshop that floated away*, so der Titel des Buches *über* diese Buchhandlung, gern mehr als nur die Außenansicht kennengelernt hätte.

Diese Geschichte geht bis ans Ende des Jahres 2008 zurück, als Sarah Henshaw während eines Interviews mit einem gelangweilten Prominenten den Entschluss fasste, ihren Job als Journalistin an den Nagel zu hängen und stattdessen etwas zu machen, das sie ausfüllen und rundum glücklich machen würde. Sie zog von London zu ihrem Freund Stu in die Midlands und hatte eine Vision: eine schwimmende Buchhandlung. Nachdem sie von zahlreichen Banken eine Kreditabsage für ihr Geschäftsmodell erhalten hatte, liehen ihr ihre Eltern schließlich fünfundzwanzigtausend Pfund, von denen sie das Boot kaufte, auf dem The Book Barge entstand.

Doch die Banken schienen zunächst recht zu behalten: Das Geschäft lief schleppend.

Nach zwei harten Jahren trennte sie sich vorübergehend sogar von Stu und reiste mit ihrer Buchhandlung quer durch Großbritannien – verbunden mit der leisen Hoffnung, dadurch eventuell ihre Bekanntheit zu erhöhen (oder sich schlimmstenfalls Gedanken über eine alternative Geschäftsidee machen zu können). Und tatsächlich: Der Plan ging auf. Auf der sechsmonatigen Tour wurde die schwimmende Buchhandlung zunächst Protagonist in einem gänzlich verrückten Hip-Hop-Video, bevor sich nach und nach immer mehr Journalisten für das außergewöhnliche Geschäftsmodell interessierten und darüber berichteten. The Book Barge wurde Kult und avancierte zu einer echten Marke.

Nach mehreren Tausend Reisekilometern und über siebenhundert Stationen liegt die schwimmende Buchhandlung nun erneut in ihrem Heimathafen Barton Marina – und auch Sarah und Stuart sind wieder glücklich vereint.

Oben Inzwischen leider geschlossen: Im Innenhafen der Barton Marina hat die schwimmende »Buch-Boutique« angelegt.
Unten Ganz viel Liebe zum Detail: Sarah Henshaw schmiss ihren Job als Promi-Reporterin und gestaltete die schwimmende Buchhandlung ganz nach ihren Wünschen.

Von ihrem schönsten Erlebnis in der schwimmenden Buchhandlung schreibt mir Sarah Henshaw im Nachgang meines missglückten Besuchs via Facebook: Als sie mit ihrer Buchhandlung einst in Nottingham angelegt hatte, wurde ein zehnjähriger Junge – sichtbar desinteressiert – von seinen Eltern mit auf das Boot gebracht. 45 Minuten später, als sich die drei von Sarah verabschiedeten, sagte ihr genau dieser Junge: »*That was the most unexpected thing in the universe!*«

... SCHON GELESEN?

Empfehlenswertes britischer Autoren:
The Bookshop Book, Jen Campbell
Jetzt spricht Dylan Mint und Mr Dog hält die Klappe, Brian Conaghan
Ein ganzes halbes Jahr, Jojo Moyes
About a Boy, Nick Hornby
Harry Potter, J. K. Rowling
Die Reise mit der gestohlenen Bibliothek, David Whitehouse
Die Frau, die ein Jahr im Bett blieb, Sue Townsend
Die Achse meiner Welt, Dani Atkins

Ein Himmel voller Bücher oder wie viel Glück passt in einen Tag?

3. Kapitel

BELGIEN

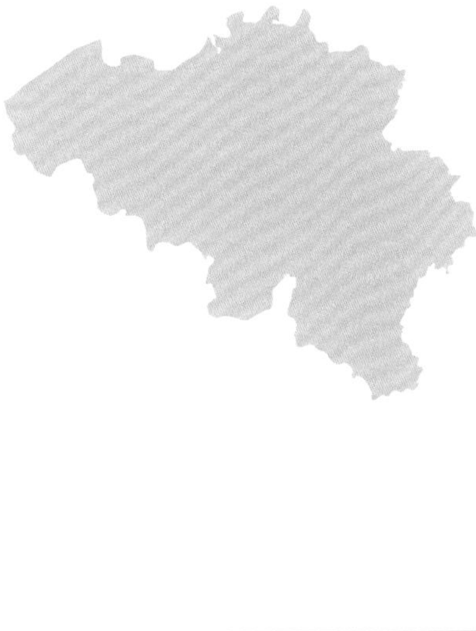

Oben Optische Täuschung: Die Wände von Tropismes sind bis unter die Decke verglast, wodurch die Buchhandlung deutlich größer wirkt.
Unten Aufforderung der Buchhandlung zum Tanz: Der ehemalige Ballsaal wirkt im bronzefarbenen Licht und mit seinen hohen, ornamentverzierten Decken überaus einladend und elegant.

Am Nachmittag treffe ich in **Brüssel** ein, wo ich zuerst einmal meinen Reisetrolley in einem der Bahnhofsfächer verstauen möchte. Fünf Euro kostet ein XL-Schließfach für 24 Stunden, das sich ausschließlich mit Münzstücken bezahlen lässt. Ich besorge mir im angrenzenden Kiosk ein Wasser und bitte darum, dass mir das Rückgeld möglichst klein ausgezahlt wird, doch der Kassierer schüttelt den Kopf. Also kaufe ich noch ein Getränk und einen Snack, bis ich das nötige Kleingeld zusammenhabe. In einem Gefühl grenzenloser Cleverness lache ich den Kassierer triumphierend an – ziemlich genau so lange, bis mir klar wird, dass die Rollen eigentlich andersherum verteilt sind. »*Merci beaucoup*«, entgegnet der Kassierer zufrieden. Immerhin verlasse ich etwas später den Hauptbahnhof ohne Gepäck in nördlicher Richtung. Über die Rue de Loxum, an die sich eine kleine Grünanlage anschließt, und die Rue d'Arenberg laufe ich schließlich auf den Eingang der Galeries Royales Saint-Hubert zu. Die Häuser in diesem Viertel sind größtenteils vom Jugendstil geprägt und mit französischen Balkonen verziert, die in der Sonne glänzen. Überall laden Cafés, die mit ihren Tischen, Stühlen und Sonnenschirmen bis an den Straßenrand reichen, zum Verweilen ein – mich aber zieht es von der Straße fort in das lang gezogene Entree der imposanten Ladenpassage. Die Glaskuppel über mir und der glänzende Marmorboden geben mir fast das Gefühl, einen Palast zu betreten, aber die Mode- und Schmuckgeschäfte rechts und links rücken das Bild wieder gerade.

In einem Seitenarm der Hauptpassage erreiche ich kurz darauf mein erstes Ziel in Belgiens Hauptstadt:

TROPISMES LIBRAIRES

Ich schaue zuerst die Fassade aus verschieden großen Fensterelementen mit ihren schwarzen Rahmen hinauf, bis zur roten Fläche, die einen verschnörkelten Tropismes-Schriftzug in

Leuchtbuchstaben zeigt, danach schlendere ich gespannt in die Buchhandlung. Die einzigartige Atmosphäre lässt mich sodann auf der Schwelle verharren: In dem hohen Raum bilden Bücherregale die Wände, ringsum, allerdings in der Höhe nur ungefähr bis zur Hälfte; der obere Teil ist verspiegelt. Barocke Säulen stützen die mit Stuck und Ornamenten verzierte Decke, ich drehe mich im Weitergehen langsam einmal um die eigene Achse, während ich die umlaufenden Rosetten betrachte. Im warmen bronzefarbenen Licht, das dieser Buchhandlung ganz eigen ist, scharen sich zahlreiche Kunden um die Büchertische, auf denen Krimis und allgemeine Belletristik ausgestellt sind.

In einer spektakulären Mischung aus Englisch und Französisch, in die ich Ausdrücke wie *»les plus belles librairies«* und *»voyage de d'Europe«* einfließen lasse, stelle ich mich anschließend bei Buchhändler Colin vor, der mich auf einen kleinen Rundgang durch die Buchhandlung einlädt. Von ihm erfahre ich, dass es die Galeries Saint-Hubert schon seit über einhundertfünfzig Jahren gibt und die Buchhandlung Tropismes 1984 eröffnete. Nach und nach vergrößerte man nicht nur das Sortiment, sondern auch die Fläche, erzählt mir Colin, und wir stehen im selben Moment unverhofft vor einer Treppe, die ins Untergeschoss hinabführt. Hier sind die Böden und Wände grau, die Regale, die hier hauptsächlich Sach- und Fachbücher für die interessierte Kundschaft bereithalten, kirschholzfarben. Colin scheint mir die leichte Enttäuschung ob dieser Einrichtung anzusehen. *»Let's go«*, sagt er und klingt amüsiert, während er mit dem Kopf wieder nach oben deutet. Über eine weitere Treppe führt er mich ins Mezzanine hinauf, das rund ein Drittel des Erdgeschosses überthront und wie eine Balkonloge im Theatersaal anmutet. Auf dieser Etage finden sich diverse Comics und Kinderbücher – vor allem jedoch ist der Ausblick schlichtweg grandios: Knapp unter der Stuckdecke stehend, wirkt die Buchhandlung dank ihrer verspiegelten Wände von hier aus mindestens dreimal so groß.

»Früher war hier ein Jazzclub beheimatet«, erzählt Colin, und ich stelle mir vor, wie es wohl wäre, wenn hier jetzt Livemusik gespielt würde: die Buchhandlung als großer Ballsaal. Bei genauerer Betrachtung bewegt sich die Buchhändlerin im

Beeindruckend schön: In minutiöser Kleinarbeit wurde die Fassade der Librairie PTYX von drei Brüsseler Künstlern von Hand bemalt.

Erdgeschoss schon jetzt so elegant und leichtfüßig durch die Gänge und an den Kunden vorbei, als wäre es eine unausgesprochene Einladung zum Tanz. Wieder unten, zwischen den Büchertischen mit französischer Originalliteratur und übersetzten Titeln, frage ich Colin, ob in der Buchhandlung auch Veranstaltungen stattfinden.

»*Oui, bien sûr*«, setzt er mit einem Lächeln an und erzählt von *Harry-Potter*-Veranstaltungen zur Mitternachtsstunde, aber auch von Éric-Emmanuel Schmitt und Cees Nooteboom, der sich unlängst als Fan der Buchhandlung geoutet hat.

»Auch er war schon hier«, sagt Colin und greift ein Exemplar von Jean-Philippe Toussaints *Nue (Nackt)* aus dem Regal. Ich nehme das Buch, streiche über das unscheinbar graue Cover und fühle mich mit einem Mal ins winterliche Isny im Allgäu zurückversetzt, wo ich vor wenigen Jahren spontan ein Buch dieses Autors gekauft habe: *Das Badezimmer*, ein wunderlicher und zugleich wunder*voller* Roman über einen jungen Mann, der eines Tages den verrückten Entschluss trifft, den Rest seines Lebens in der Badewanne verbringen zu wollen (und dann doch von Paris nach Venedig und wieder zurückreist). Ich stelle das Buch schließlich wieder zurück und blicke mich ein letztes Mal in dem wunderschönen Spiegelsaal um, der in jedem Detail edel und einladend anmutet.

»*Good job*«, sagt Colin in Anspielung auf meine Reise – und somit verlasse ich Tropismes mit den wohl schönsten Souvenirs im Gepäck: großartige Eindrücke und ein unerwartetes Kompliment.

Auf dem Weg in die gut zwei Kilometer entfernte nächste Buchhandlung verlaufe ich mich in den kleinen, verwinkelten Seitenstraßen hinter der Place de la Chapelle. Nach hilfreichen Tipps von zwei Studentinnen nehme ich dann doch lieber eine Straßenbahn und fahre bis zur Station Bailli, an die sich gegenüber die Rue Lesbroussart anschließt. Die lange und leicht abfallende Straße der Gemeinde Ixelles wird zu beiden Seiten von hellen, fast durchgängig dreistöckigen Häusern gesäumt, in denen sich kleine Supermärkte und Cafés finden.

Nach wenigen Minuten habe ich dann – gerade noch rechtzeitig – mein Ziel erreicht:

LIBRAIRIE PTYX

Wer Bücher mag, wird sich augenblicklich in *diese* Fassade verlieben – jedenfalls ergeht es mir auf Anhieb so. Von zwei roten Backsteinhäusern eingerahmt, ist das Äußere dieser Buchhandlung ein wahres Kunstwerk: Auf weißem Grund und über die volle Höhe von drei Ebenen ist die Fassade einem Autorenlexikon nachempfunden und zeigt die Namen und Lebensdaten ausgewählter Schriftsteller. Daneben, genauer gesagt zwischen den Fenstern, und *auf* einer Tür sind außerdem noch die gezeichneten Autorenporträts von James Joyce, Marcel Proust, Virginia Woolf und anderen zu sehen. Drei Stufen führen zur Eingangstür, an die sich rechtsseitig ein Schaufenster anschließt, das im Gesamtbild der Fassade beinahe wie eine Vitrine für kostbarsten Schmuck anmutet. Ich bin neugierig, wie die Buchhandlung innen das vielversprechende Niveau halten will – und werde nicht enttäuscht!

Das gestalterische Konzept findet eine nahtlose Fortführung: Während der Boden mit hellem Laminat ausgelegt ist, sind die seitlichen Bücherregale sowie der große zentrale Tisch aus schwarzem Holz gefertigt. Die Decke hingegen ist weiß – und führt das Prinzip des Autorenlexikons fort. So informiert sie unter anderem über Pessoa, Platon und Rimbaud, dazu gibt es diverse Porträts und kartografische Abbildungen. Ich bemerke, dass sich das Sortiment dem Gestaltungsprinzip anpasst und in erster Linie anspruchsvolle Literatur bereithält. Langsam schreite ich bis in den hinteren Bereich des Raumes, wo ein schmaler, kurzer Gang auf einen rot lackierten Durchgang zuführt. Dahinter befindet sich die Kinderbuchabteilung, die vollständig in einem freundlichen Weiß erstrahlt, das in Kombination mit den farbenfrohen Buchcovern und der hellen Ausleuchtung für eine klare Ordnung und heitere Atmosphäre sorgt. Ich betrachte die ausgestellten Titel und greife nach einem Pappbilderbuch, das gleich neben *Rebellion chez les crayons (Der Streik der Farben)* präsentiert wird und nicht nur wegen seines Titels, sondern auch wegen der außergewöhnlichen Zeichnungen auffällt: *Pourquôôââ* erzählt von einem kleinen rebellischen Frosch, der gerade die Warum-Frage für sich entdeckt hat und seitdem alles ganz genau wissen will. Ich nehme ihn mir als Vorbild und beschließe, nach jemandem zu suchen, der mir meine Fragen beantworten kann. Hinter dem Kassentresen im Eingangsbereich sitzt ein Buchhändler, der mich äußerlich ein wenig an die frankobelgische Comicfigur *Spirou* erinnert. Er trägt mittellange, blond gesträhnte Haare und macht einen sportlichen Eindruck. Ich schätze ihn auf Anfang vierzig. Emmanuel Requette ist der Inhaber von PTYX – und von ihm erfahre ich sodann, dass die Buchhandlung in diesem Herbst ihren dritten Geburtstag feiern wird. Auf die Idee hinter dieser Buchhandlung angesprochen, erzählt Emmanuel, dass es schon immer sein Traum gewesen sei, einen Ort des literarischen Austausches zu schaffen und gleichzeitig unabhängig zu sein. So gibt es zahlreiche Abendveranstaltungen, Diskussionen und Kooperationen (zum Beispiel mit der Arno Schmidt Stiftung) – und für die Gestaltung der Buchhandlung zeichnen drei Brüsseler Künstler verantwortlich, die in minutiöser Detailarbeit die Fassade von Hand bemalten. Er selbst ist Buchhändler aus Leidenschaft und freut sich über jeden Besuch und jede Rückmeldung bezüglich der Buchtipps, die er tagtäglich im Laden ausspricht. Dementsprechend verwundert mich die Antwort dieses literarischen Viellesers dann auch kaum noch, als ich ihn nach der Bedeutung des Namens von Ptyx frage. Emmanuel lächelt zunächst – und beugt sich dann vorsichtig über den Tresen zu mir hinüber, als wolle er mir ein Geheimnis verraten: »Die Frage wird mir sehr häufig gestellt«, sagt er.

»Eigentlich gibt es das Wort im Französischen gar nicht – eigentlich. Es geht auf den französischen Schriftsteller Stéphane Mallarmé zurück, der für sein Werk *Sonnet en yx* nach einem Wort suchte, das sich auf onyx und Phoenix reimt und somit für etwas Einmaliges steht.«

Durch und durch Buchhändler, denke ich beeindruckt und wende mich vor dem Verabschieden noch einmal diesem inspirierenden Raum zu. Erst jetzt bemerke ich, dass die Bücher, die auf dem großen Tisch präsentiert werden, teilweise in kleine Banderolen eingeschlagen sind, auf denen handschriftlich Empfehlungen notiert sind.

»*Très magnifique*«, steht auf einer davon geschrieben – und am liebsten würde ich eine solche Banderole um die gesamte Buchhandlung binden.

Als ich in der Straßenbahnlinie 2 sitze und mich schon auf die nächste Station im äußersten Nordosten der Stadt freue, muss ich selbst über mich grinsen. Das ist ein Urlaub ganz nach meinem Geschmack. Scheinbar im sportlichen Lauf bin ich von Buchhandlung zu Buchhandlung unterwegs, nach Erholung klingt das wohl nicht. Aber ich liebe diese Art zu reisen. Gerade war ich noch in einem der trendigen Viertel von Brüssel, gleich werde ich ein ganz anderes Bild von der Stadt erhalten.

Nach dem Umsteigen in die Metrolinie 1 fahre ich schließlich bis zur Station Roodebeek, im Brüsseler Stadtteil Woluwe-Saint-Lambert gelegen, und finde mich ebenerdig inmitten eines weitläufigen und begrünten Industriegeländes wieder, in dem es ein paar Hallen und Bürogebäude gibt.

Etwas ratlos gehe ich die Straße ein paar Schritte hinauf, aber da erblicke ich es auch schon:

COOK AND BOOK

Gegenüber von einem futuristischen Rundbau, in dem sich ein Kulturzentrum befindet, ist *die* Buchhandlung gelegen, die ein wahrer Erlebnisraum sein soll. Für den Moment kann mein erster Eindruck jedoch keineswegs ausmachen, was hier so besonders ist. Cook and Book wirkt von außen nüchtern und kühl – eine graue Fassade, dunkelgraue Markisen, dunkle, leicht verspiegelte Fenster. Als ich durch die Eingangstür trete, ändert sich jedoch schlagartig *alles* – und ich brauche einen Moment, um die überraschende Vielzahl der Eindrücke zu verarbeiten. Der gesamte Raum besteht scheinbar aus einem ebenmäßigen Holz: die Dielen, die seitlich umlaufenden Bücherregale – und auch der lange

Tisch in der Mitte, an dem mindestens 15 Personen sitzen, essen und sich angeregt miteinander unterhalten können. Jetzt sitzen dort zwei Pärchen, eingerahmt von Comicbüchern, die in den Regalen und im Prinzip an jedem nur verfügbaren Platz in der Vollansicht präsentiert werden.

Zur linken Seite finden sich ein paar Stöbertische, auf denen die oberen Bücher stets mit handschriftlichen Empfehlungsnotizen versehen sind. »*SUPERBE!*«, steht zum Beispiel auf einer Ausgabe von *Deux Frères*, der neuesten Graphic Novel des mehrfach ausgezeichneten Autorenduos Gabriel Bá und Fábio Moon, gefolgt von einem achtzeiligen Empfehlungsschreiben. Neben einem Plakat von *Tim und Struppi* macht eine Asiatin gerade ein Erinnerungsselfie mit zwei überdimensionalen Comicfiguren (Batman und Superman); ich kann mir ein Schmunzeln ob ihrer artistischen Posen nicht verkneifen und steuere anschließend auf eine Treppe zu, die ins Obergeschoss führt.

Der neue Raum stellt eine komplett andere Welt dar – in diesem Fall die Kinderbuchabteilung. War im Erdgeschoss alles sehr harmonisch gehalten, strotzt dieser Raum vor Farbenvielfalt: Von den weißen Bücherregalen hängen bunte Luftballons herab, und um die Mal- und Präsentationstische sind ebenso bunte Sitzgelegenheiten aufgestellt, die in ihrer Form Tieren nachempfunden sind. Auch von den Lampenschirmen hat jeder eine andere Farbe. Bis auf die Möbel ist hier eigentlich alles, ja, schön bunt. Neugierig laufe ich durch den Raum, vorbei an den Kopfhörern, die von der Decke hängen, in Richtung Legoabteilung im hinteren Teil, bis ich eine überraschende Entdeckung mache und unvermittelt stehen bleibe: Zur Fensterseite, gleich hinter einem besonders großen Präsentationstisch, ist eine verglaste Bodenebene in den Raum eingezogen, durch die man nicht etwa ins Erdgeschoss blicken kann, sondern auf eine Märklin-Bahn, die summend durch eine Miniaturlandschaft fährt.

Hier lasse ich mich erst einmal nieder und betrachte die liebevoll gestaltete Konstruktion, während ich mich daran erinnere, dass meine Familie einst auch eine solche Modelleisenbahnwelt besaß. Mein Vater hatte diese im Keller aufgebaut und ganze Berglandschaften mit Bauernhöfen gestaltet, während es in der

Stadt Supermärkte und Poststationen gab. Sie war – ohne Übertreibung – wirklich eindrucksvoll; umso größer war die Enttäuschung, als wir eines Tages umzogen und keinen Platz mehr dafür hatten. Zwanzig Jahre mag das Ganze inzwischen her sein, und ich muss bis nach Belgien reisen, um diese schöne Kindheitserinnerung wiederzufinden – verrückt!

Zurück im Erdgeschoss erkundige ich mich bei der Buchhändlerin, ob ich für mein Reiseprojekt Fotos machen darf. Mit einem Blick auf die Uhr bedeutet sie mir, dass ich sehr gern fotografieren darf – aber möglichst auf der anderen Seite beginnen soll, da der Block A in rund 15 Minuten schließt, während der vordere Teil noch über zwei Stunden geöffnet hat. *Block A*? Ich gehe hinaus und sehe erst jetzt, dass sich ein rundförmiger Hof an das Gebäude anschließt, der über eine riesige Terrasse verfügt. Auch das ist Cook and Book: Unzählige Tische und noch mehr Gäste versammeln sich hier. Ich gehe durch den Hof und betrete an dessen Ende das nächste Gebäude, in dem mich abermals eine neue Welt erwartet: Der Raum ist schwarz gehalten und ähnelt einer Lounge, was durch die rot bespannten Chesterfield-Sofas an der hinteren Wand unterstrichen wird.

Das eigentliche Highlight sind jedoch die über fünfhundert Bücher, die von der Decke herabhängen und dafür sorgen, dass man sich beim Betreten des Raumes wie unter einem Himmel voller Bücher fühlt. Ich stelle mich vor und werde sogleich von Nathalie aufgefordert, mir die Zeit zu nehmen, die ich brauche – für meine Reise durch die schönsten Buchhandlungen Europas würde sie gern etwas länger bleiben.

Zur linken Seite schließt sich eine Lifestyle-Abteilung an die Literatur an, die einem großen Gartenpavillon nachempfunden ist, während es auf der anderen Seite noch die englische Bibliothek sowie eine »*Cucina*«-Kochabteilung gibt. Ich kann mich beim besten Willen nicht daran erinnern, wann zum letzten Mal so viele verschiedene Eindrücke auf mich eingeprasselt sind: Jeder Raum und jede Abteilung ist bis ins letzte Detail stimmig dekoriert; neben der Bibliothek, die mit Schreibtischen und eleganten Ledersesseln ausgestattet ist, beeindruckt vor allem die Kochbuchabteilung, in der es eine echte Küche mit diversen

Ein Meer aus Büchern – so heißt Cook and Book seine Besucher

willkommen. Die Deckenkonstruktion umfasst mehr als 500 Bücher.

Accessoires gibt, an die wiederum eine Diner-Sitzecke angeschlossen ist. Ringsum sind Bücher in die Wände eingelassen, und auch auf den Gastrotischen werden ausgewählte Kochbücher präsentiert. Restlos begeistert kehre ich in den Eingangsbereich zurück, wo mir Nathalie eines dieser Lächeln zuwirft, das zugleich eine Frage impliziert: Schön, oder?

Ich nicke begeistert. Und während sie eine Tür aufschließt und mich nach draußen geleitet, erfahre ich von ihr, dass Cook and Book die größte Terrasse von ganz Brüssel besitzt und man die Räumlichkeiten nach Ladenschluss sogar für Veranstaltungen anmieten könne.

Nachdem wir uns verabschiedet haben, gehe ich noch einmal in den vorderen Bereich der Buchhandlung, um auch wirklich sämtliche Abteilungen gesehen zu haben.

Auf die Comicwelt folgt eine Abteilung aus Kunst-, Foto- und Designbüchern, in deren Mitte zwei plexiverglaste Halbräume stehen, in die LED-Stäbe eingelassen sind. Dahinter sitzen weitere Gäste und essen beziehungsweise reden. Der nächste Raum beherbergt die Musikabteilung, in der es Vinyls, CDs und sogar Wein zu kaufen gibt, während auch der Abschluss zur Reiseabteilung gebildet wird. Im Zentrum steht hier ein silberner Airstream-Wohnwagen, an den sich eine gemütliche Sitzecke anschließt. Ringsum werden zahllose Reisebildbände und Reiseführer präsentiert, doch dieses Mal greife ich nicht zu, für einen kurzen Moment befürchte ich nämlich, dass ich mit zu viel Inspiration meinen ohnehin schon eigenwilligen Stil zu reisen übertreibe.

Glücklich, aber auch ein wenig müde, buche ich auf dem Weg zum Bahnhof ein zentral gelegenes Hotel für die Nacht, das gerade einmal vierzig Euro kostet, und frage mich, wie viel Glück eigentlich in einen einzelnen Tag passt. Mit dem wieder ausgelösten Trolley laufe ich stadteinwärts und habe kurz hinter De Brouckere schon fast mein Hotel erreicht, als ich herrliches Sommerabendtreiben auf dem großen Platz vor der Dominikanerkirche Église Sainte-Catherine und den angrenzenden Grachten entdecke. In Bars, Cafés und Restaurants, aber auch auf Bänken und kleinen

Rondellen, sitzen Hunderte von Leuten und essen, trinken, reden und lachen. Mit einem köstlich belegten kleinen Baguette lasse auch ich mich schließlich auf einer Bank nieder, als neben mir auf einmal ein Akkordeonspieler für Stimmung sorgt. Mehrere Leute springen begeistert auf und tanzen zu der Musik. Mit Blick auf die bunten Lichter der Lampions, die sich auf der Wasseroberfläche der Gracht spiegeln, denke ich: Und es passt immer noch ein bisschen mehr Glück in diesen Tag.

Am nächsten Morgen treffe ich gegen neun Uhr dreißig am Hauptbahnhof ein, wo sich leider schon einige Reisegruppen eingefunden haben. Als ich in der überfüllten Informationshalle endlich an der Reihe bin, erfahre ich, dass sich der Interrail-Aufpreis für eine Direktfahrt nach Paris zwar nur auf zwanzig Euro beläuft, der nächste verfügbare Thalys aber erst um dreizehn Uhr abfährt.

Nach kurzer Überlegung verzichte ich dankend und fahre stattdessen mit dem Regionalzug über Tournai, Lille-Flandres und Amiens in Richtung der französischen Landeshauptstadt.

Diese Fahrt dauert zwar geschlagene fünf Stunden – mit der eingerechneten Wartezeit bin ich auf diese Weise dennoch früher in Paris als mit dem Hochgeschwindigkeitszug.

... SCHON GELESEN?

Empfehlenswertes belgischer Autoren:
Der Bibliothekar, der lieber dement war als zu Hause bei seiner Frau, Dimitri Verhulst
Kosmetik des Bösen, Amélie Nothomb
Monsieur Optimist, Alain Berenboom
Ein Tag mit Herrn Jules, Diane Broeckhoven
Das Badezimmer, Jean-Philippe Toussaint
Wenn du über den Fluss gehst, Geneviève Damas
Als gäbe es einen Himmel, Els Beerten
Madame Verona steigt den Hügel hinab, Dimitri Verhulst

Bücher überall – in edlen Einkaufspassagen, im Traditionshaus mit großem Herz und losgelöst von allen Sorgen am Ufer der Seine

4. Kapitel

FRANK REICH

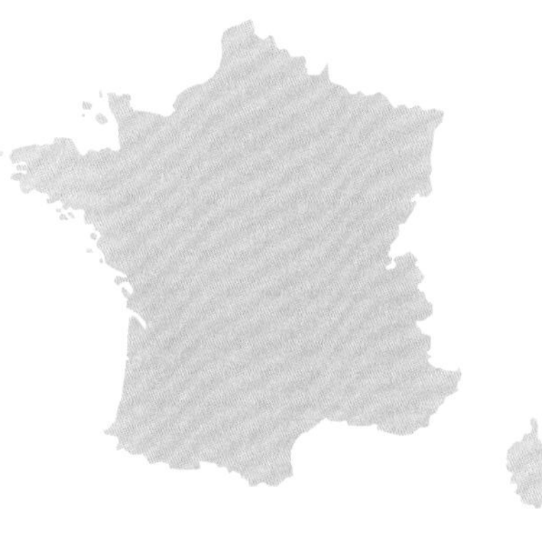

Eine kleine Wendeltreppe führt in das Obergeschoss der Buchhandlung Cup of Tea, wo man bei einem Tee und einer guten Lektüre abschalten kann.

Die Baumkronen auf der Rue La Boétie sind von der glühenden Nachmittagssonne in sattes Gold getaucht. Mit der im Stadtplan von **Paris** eingezeichneten Route für diesen sechsten Reisetag – und nach einer Erfrischungsdusche im Hotel – bin ich unterwegs zu meinem ersten Tagesziel. Vom Gare de l'Est mit den Metro-Linien 7 und 9 in westliche Richtung steige ich an der Station Saint-Philippe-du-Roule aus und bin ebenerdig augenblicklich wie erschlagen von der Hitze. Ich staune über die Frauen in ihren duftigen Sommerkleidern und die Männer in ihren gut sitzenden Anzügen, die an mir vorbeiziehen, ihnen scheinen die hochsommerlichen Temperaturen nichts auszumachen. Weniger beschwingt als die Pariser, aber mit neugieriger Vorfreude biege ich in die dritte Querstraße gleich hinter einer Edelboutique nach links ein. Die Rue du Faubourg Saint-Honoré, nur zwei bis drei Straßenzüge von den Champs-Élysées entfernt, ist schmal geschnitten und äußert nobel. Schwere Eichentüren, große Tore und goldene Türgriffe – und hier ist meine erste Station am heutigen Tag:

LIBRAIRIE AUGUSTE BLAIZOT

Zwischen einem Kunstladen und einem Geschäft für erlesene Wohnaccessoires befindet sich *die* Buchhandlung für antiquarische Bücher – nicht nur in der Hauptstadt, sondern in ganz Frankreich. Eine tief heruntergelassene weiß-grüne Markise schützt die beiden Schaufenster links und rechts der Eingangstür.

Mit dem ersten Schritt in das Antiquariat hinein empfängt mich der typische Geruch alter Bücher – leicht hölzern, dazu dieser typische Hauch von Vanille. Die Librairie Auguste Blaizot scheint aus nur einem Verkaufsraum zu bestehen. Ich lasse meinen Blick an dem rundum verlaufenden Bücherregal in dunklem Kirschbaumholz entlanggleiten und entdecke dabei eine im Regal versteckt eingearbeitete Tür, die ich nur erkenne, weil sie einen Spalt breit aufsteht.

Jede einzelne Regalfläche in der Librairie Auguste Blaizot ist mit einer Plakette sowie einer Nummer versehen. Im hinteren Teil schließt sich das Büro an.

»*Bonjour*!«, tönt es freundlich von der Seite. Maritta, circa Ende vierzig und mit schulterlangen brünetten Haaren, stellt sich mir vor. Die Buchhändlerin ist eine durch und durch sympathische Erscheinung, spricht aber kein Wort Englisch (zumindest behauptet sie das), sodass unsere Unterhaltung sehr holprig anläuft.

Ich versuche, mich zu erklären, und krame dabei Vokabeln hervor, von denen ich selbst überrascht bin, dass ich sie überhaupt kenne – und zu meiner noch größeren Überraschung scheint Maritta mich sogar zu verstehen.

Ich reiche ihr ein Kärtchen, auf der sich die Adresse meiner Facebook-Seite befindet – und Maritta speichert sich diese sogleich im Browser ihres Bürocomputers ab.

Im Gegenzug reicht sie mir eine Broschüre, in der die Geschichte der Buchhandlung nachgezeichnet wird. Diese geht bis ins Jahr 1840 zurück; seit 1870 ist die Buchhandlung im Familienbesitz der Blaizots und seit 1929 unter der gegenwärtigen Adresse im Pariser Nobelbezirk zu finden. Heute leitet Claude Blaizot, direkter Nachfolger von Auguste, die Buchhandlung; er ist zudem auf Buchbindearbeiten und Restaurationen spezialisiert, wobei im hiesigen Umfeld oftmals nicht der Preis, sondern vor allem die Qualität entscheidend ist.

Dieser Eindruck verstärkt sich, als ein Kunde den Laden betritt und einen antiquarischen Titel zu Restaurationszwecken abgibt, während ich meinen Blick über die Buchrücken schweifen lasse und mich kaum traue, ein Exemplar anzufassen oder gar herauszunehmen. Mir scheint, als würden sich in den oberen Regalreihen besonders wertvolle Werke befinden. Ich betrachte die Regalböden genauer, ein jeder ist mit einer kleinen Plakette versehen und fein säuberlich durchnummeriert; darüber finden sich in Leder eingebundene Schätze wie ein weißer Gedichtband von Edgar Allan Poe, der sogar über einen Goldschnitt verfügt, oder eine zweibändige Ausgabe von Émile Zolas *Nana*.

Da das Gespräch zwischen Maritta und dem Kunden andauert, befrage ich das Internet nach diesem Titel und stoße in einem antiquarischen Portal auf die Information, dass es von der Erstausgabe nur 325 Exemplare gibt ... Unglaublich!

Über dem Durchgang zum Büro fällt mir ein großformatiger Bilderrahmen ins Auge. Er fasst eine Lithografie ein, die laut Datierung aus dem Jahre 1854 stammt und Karikaturen von exakt 249 französischen Schriftstellern, Historikern und Publizisten wie in einer Warteschlange stehend zeigt: *Pantheon Nadar*.

»*Claude Blaizot est également éditeur d'Art*«, steht in der Broschüre geschrieben – neben schönen und seltenen Büchern wird hier also auch mit genau solcher Kunst gehandelt.

Nachdem der Kunde sich verabschiedet hat, erzählt mir Maritta noch, dass die Buchhandlung über all die Jahre auch eine beliebte Kulisse für französische Spiel- beziehungsweise Kinofilme war; unter anderem gab es sogar schon einen Dreh mit Jean-Paul Belmondo.

Mehrere Male noch werfe ich einen neugierigen Blick auf die geheimnisvolle Tür, aber die Buchhändlerin deutet ihn nicht. Alsbald ist sie auch schon wieder in ein neues Kundengespräch vertieft, sodass ich nicht nachfragen kann, selbst wenn mir ein paar passende Vokabeln einfallen würden. Mir gefällt schließlich der Gedanke, mich von diesem wunderbaren Ort zu verabschieden, ohne das Geheimnis der mysteriösen Tür gelüftet zu haben. Ich nehme sie als Sinnbild für all die vielen Bücher, die hier wohlbehütet auf einen Liebhaber oder Sammler oder Leser warten.

Im Metrotunnel scheint die Hitze förmlich zu stehen, sodass ich es einigen Wartenden gleichtue und mir Luft zufächle – so ein Stadtplan kann eben in vielerlei Hinsicht nützlich sein.

Zum Glück verkehren die Metrolinien innerhalb von Paris alle paar Minuten, nur wenig später steige ich in die Linie 9 und fahre nach dem Umsteigen mit der 3 zur Haltestelle Bourse im Zentrum von Paris.

Beim Verlassen der Station werde ich ebenerdig von einem imposanten Gebäude auf einem umzäunten Areal in Empfang genommen. Die Architektur des Baus mit den zahlreichen massiven Säulen erinnert mich stark an einen griechischen Tempel aus der Antike – bei genauerer Betrachtung handelt es sich hierbei jedoch um die alte französische Börse.

Bourse, na klar. Für einen Job als Reiseführer müsste ich noch üben, denke ich mir und biege schmunzelnd in die Rue Vivienne ein. Vorbei am Finanzinstitut, an einer französischen Schule sowie einem Café, dessen tiefrote Markise weit auf die Straße hinausragt und im leichten angenehmen Wind flattert, erblicke ich kurz darauf die Französische Nationalbibliothek – und biege direkt gegenüber in die von außen unscheinbar wirkende Galerie Vivienne ein.

Der Torbogen ist nicht viel größer als eine Hofeinfahrt, doch in der Passage empfängt mich helles Tageslicht, das durch ein imposantes Glasdach die sandfarbenen Wände strahlen lässt. Der Boden ist aus kleinteiligen Mosaiken gestaltet, die stilisierte Sonnen zeigen – und überall finden sich Fresken und wunderschöne Dekors an den Wänden, Lorbeerkränze und antike Figuren.

Oben Zahlreiche Postkartenständer und Büchertische säumen die Schaufensterfront der Librairie Jousseaume.
Unten Auf Titelrecherche: der Inhaber der Librairie Jousseaume ganz in seinem Element.

Hinter einem Mode-, einem Kunst- sowie einem Dekoaccessoires-Laden befindet sich dann auch mein nächstes ausgemachtes Ziel:

LIBRAIRIE JOUSSEAUME

Zu beiden Seiten eines Durchgangs erstrecken sich die hohen Schaufenster mit den wunderschönen Rundbögen – genau so stellt man sich eine kleine Buchhandlung in einem Pariser Arrondissement vor. Auf der einen Seite in hellem Eichenholz, ansonsten jedoch in dunklem Ebenholz harmonieren die Fensterrahmen und Simse mit der Mosaikkunst des Galeriebodens. Ich verweile noch einen Moment mit meinem Blick auf dem breiten Ebenholzbalken, auf dem in goldenen Lettern »*Relivre. Librairie Ancienne & Moderne*« zu lesen ist.

Vor dem Laden sind nicht nur zahlreiche Postkartenrondelle aufgebaut, sondern auch acht Auslagetische, die alphabetisch sortierte Bücher verschiedener Sujets anbieten: Geschichten über Paris, Krimis, Sachbücher. Ich stöbere durch eines dieser Sortimente und gehe schließlich zum Eingang hinüber.

Der Buchhändler, der an einem kleinen Schreibtisch zur rechten Seite sitzt, grüßt mich mit einem freundlichen Blick über seine Brillengläser hinweg. Ich stelle mich vor und bitte um Erlaubnis, ein paar Fotos machen zu dürfen, woraufhin er mich mit einem kleinen Monolog überrascht:

»*You know ... I don't like Facebook and all these internet things*«, setzt er mit einem starken französischen Akzent an und fährt sich dabei nachdrücklich durch die grauen Haare. »*This is not my business.*«

Er will damit schließen, dass ich natürlich dennoch Fotos machen darf – doch als ich ihm verrate, dass ich selbst Buchhändler bin, hellt sich seine Miene nicht nur deutlich auf, sondern auch seine Neugier ist geweckt.

Er fragt nach einer Visitenkarte, die ich ihm gern aushändige, bevor ich mich weiter umschaue.

Der Raum misst vielleicht 25 Quadratmeter und wird bis in den letzten Millimeter dafür genutzt, Bücher in Regalen zu präsentieren, auf Tischen oder Stühlen zu stapeln oder neue Stapel im freien Raum zu beginnen. Großzügig verteilte antike Kronleuchter und Tischlampen sorgen für stimmungsvolle Beleuchtung. Zur linken Seite, direkt neben einer Leuchte, deren Fuß von einer lesenden Frau gebildet wird, schließt sich eine Vitrine an, in der sich ausschließlich in Leder eingebundene Bücher befinden. In dem Regal daneben stehen die Bücher hingegen in zwei Reihen – davor lagern lose Seiten, die in Umschläge eingebunden sind, Skizzen und ein paar Gedichtbände.

»*Is it this one?*«

Der Inhaber, der angeblich nicht allzu viel für das Internet übrighat, deutet auf seinen Computerbildschirm, der die Frontansicht einer mir sehr bekannten Buchhandlung in Aachen zeigt.

Ich muss lachen und nicke.

Jetzt erzählt er mir noch, dass die Librairie Jousseaume bereits seit 1826 existiert und somit der erste und älteste Mieter der gesamten Galerie ist. Also nur noch ein paar Jahre und dann darf hier zweihundertster Geburtstag gefeiert werden.

Wieder draußen fällt mein Blick auf die Treppe, die in den oberen Gang der Galerie hinaufführt. Die fünf steinernen Stufen sind zwar sehr gepflegt, aber deutlich ausgetreten und leicht nach innen gewölbt. Ich halte inne und frage mich, wie viele Leute diese Stufen seit 1826 wohl schon genommen haben, um dann ganz verzückt vor der Buchhandlung stehen zu bleiben. Es dauert keine zwei Minuten, bis genau diese Situation eintritt: Ein junges Pärchen, vielleicht Mitte zwanzig, kommt eng umschlungen aus dem oberen Teil der Galerie die Treppe herunter und verlangsamt vor der Buchhandlung merklich seine Schritte, bevor es schließlich ganz zum Stehen kommt. Während die Frau in der Auslage stöbert, macht der Mann ein Foto von der Fassade – sie lächeln sich glücklich zu.

Maybe this could be your business, denke ich mit einem Blick auf die Postkartenständer, in denen das Motiv der Buchhandlung

… SCHON GEWUSST? BESONDERE KOPIEN UND SCHÄTZE DES ANTIQUARIATS

Auch wenn Johannes Gutenbergs Erfindung des Buchdrucks mit beweglichen Lettern in die Mitte des 15. Jahrhunderts zurückreicht und sich die Technik seitdem rasch verbreitete, gab es auch lange Zeit später noch Ausnahmen im Bereich der Vervielfältigung von Büchern.

So, dass der russische Autor Leo Tolstoi seinen ersten großen Roman, *Krieg und Frieden*, nicht nur selbst von Hand schrieb (1862–1869), sondern seine Frau Sofja Tolstaja sieben Kopien davon anfertigen ließ – ebenfalls handschriftlich.

Das Werk umfasst übrigens 1.650 Seiten.

ganz sicher zum Bestseller avancieren würde, und gehe zum Ausgang der Galerie.

Möchte ich an diesem Tag noch eine Buchhandlung besuchen, muss ich mich beeilen, denn es ist bereits nach achtzehn Uhr.

Also fahre ich mit der Metro stadteinwärts und erreiche kurz darauf die Station Saint-Michel. Nur wenige Meter vom Seine-Ufer entfernt, herrscht hier ein großer touristischer Andrang: Die Leute lesen im Gehen ihre Stadtpläne, fotografieren, posieren, telefonieren oder flanieren langsam die Straße entlang. Ich bahne mir einen Weg von der Hauptstraße weg und durch ein paar Gassen, und dann erblicke ich auch schon:

THE ABBEY BOOKSHOP

In die beige Fassade des Hauses ist ein hoher Torbogen eingelassen, der mit einer Glastür und einem Rundfenster ausgestattet ist. Während an dem Fenster eine kanadische Flagge montiert ist, wird der Bereich oberhalb des Torbogens von einem kunstvollen Wappendekor verziert. Von außen könnte das Gebäude für mich auch als kanadische Botschaft durchgehen, fänden sich da nicht ein paar winzige Details im Eingangsbereich, die nicht so ganz zu diesem Eindruck passen: So sind auf der rechten Seite mehrere Kartons mit Büchern aufgestapelt – es wird sogar ein roter Wäschekorb genutzt, um weitere Bücher zu präsentieren.

Links vom Eingang ist ein kleiner Tisch aufgebaut, an dem ein Mann mitsamt einem *Harry-Potter*-Schuber und einem Orangensaft im Getränkekarton Platz genommen hat und sich angeregt mit einer jungen Frau unterhält.

Durch den hohen Torbogen, zu dessen beiden Seiten je zweireihige Bücherstapel in Form eines Türrahmens aufgebaut sind, gelange ich ins Innere der Buchhandlung.

Wow! Noch nie zuvor ist mir in einer Buchhandlung ein solches Chaos begegnet – zumindest drängt sich mir der Eindruck totaler Unordnung im ersten Moment auf. Nicht nur die raumhohen Regale sind vollständig mit Büchern ausgefüllt – auch davor stapeln sich unzählige Bücher, sodass man kaum noch den Boden sehen kann.

Vorsichtig tapere ich weiter in den Raum hinein und schäle mich durch die fragilen Turmbauten aus Büchern. Und allmählich und mich umschauend wird mir bewusst, dass sehr wohl ein Ordnungsprinzip hinter alledem steckt: Kleine Hinweisschilder führen durch die verschiedenen Abteilungen – und selbst innerhalb eines einzelnen Genres gibt es teilweise Untersortierungen. »Nach 2010« steht zum Beispiel über einem Regal der angebotenen Politikbücher.

Während das Obergeschoss in erster Linie eine große Auswahl an belletristischen Titeln in englischer Sprache bereithält (neu sowie gebraucht), gibt es im Untergeschoss, zu dem eine schmale, steile Treppe hinunterführt, frankokanadische Titel, unter anderem Bücher aus den Bereichen Geschichte, Philosophie und Wissenschaft. Teilweise wird hier auch ganz auf Regale verzichtet, sodass die Bücher schlichtweg in hohen Stapeln aufgetürmt sind – dafür jedoch auch mit einer blauen Lichterkette verziert.

Da ich während meiner kleinen Erkundungstour noch keinem Buchhändler begegnet bin, beschleicht mich eine gewisse Vorahnung, und so gehe ich die Treppe wieder hinauf und zur Tür heraus. Der Mann am Tisch hat dunkles, leicht wirres Haar, trägt ein kurzärmeliges, kariertes Hemd, eine kurze Hose sowie Sandalen – und tatsächlich: Es ist Craig Taylor, der Besitzer des Abbey Bookshops.

Ich stelle mich kurz vor, woraufhin Craig sich überaus begeistert gibt, was mein Reiseprojekt anbelangt, und mir in aller Ausführlichkeit erzählt, dass die Buchhandlung inzwischen über 25 Jahre alt ist. Wie der Abbey Bookshop unschwer erkennen lässt, kommt Craig ursprünglich aus Kanada und hat die Idee der fremdsprachigen Buchhandlung nach Paris gebracht. Dabei ist diese nicht nur im Quartier Latin, dem ehemaligen Studentenviertel, gelegen, sondern just auf *der* Straße ansässig, die im früheren Paris das Herz des Bücherhandels war: der Rue de la Parcheminerie. »Ein echter Glückstreffer«, wie Craig sagt.

Es ist inzwischen weit nach neunzehn Uhr, doch Craig macht überhaupt keine Anstalten, sein Geschäft zu schließen – selbst als eine junge Frau noch nach einem Geschenk für ihren Freund sucht, berät er sie überaus geduldig, bis er ihr schließlich *Weiße Nächte* von Dostojewski verkauft. Praktischerweise sind manche Regalwände auf Rollen befestigt, sodass Craig sie mit Leichtigkeit vor- und zurückschieben kann.

Als die junge Frau gegangen ist, wendet er sich wieder mir zu und präsentiert mir eines seiner jüngsten Projekte: die »*Loyality card*«, die den stationären Handel stärken beziehungsweise eine starke Bindung schaffen soll. Für jeden Kauf eines gebrauchten Buches gibt es einen Stempel auf diese Karte, hat man 15 solcher Einkäufe getätigt, erhält man eine Zwanzig-Euro-Gutschrift für spätere Einkäufe. Im Zusammenschluss mit weiteren Buchhandlungen hat man außerdem die Initiative »*Pledge of Independents*« gegründet, die ebenfalls das Ziel verfolgt, die Buchhandlungen vor Ort sichtbarer zu machen. »In den letzten 25 Jahren, also ungefähr seitdem ich hier bin, hat mehr als die Hälfte aller Buchhandlungen im Quartier Latin geschlossen«, gibt Craig zu bedenken.

Inzwischen ist es beinahe zwanzig Uhr, und ich habe diesen etwas chaotischen, aber sehr kreativen Buchhändler mit seiner sonoren, ruhigen Stimme längst in mein Herz geschlossen.

Bevor ich gehe, frage ich Craig nach einem persönlichen Buchtipp – und nach kurzem Überlegen empfiehlt er mir *The Magus* von John Fowles.

»Eines meiner absoluten Lieblingsbücher«, sagt Craig, und ich kaufe es ohne weitere Nachfragen.

Oben Geniales Chaos! Aber: The Abbey Bookshop folgt einem klaren Ordnungsprinzip. Die Regale lassen sich größtenteils rollen und Brian kennt das Sortiment wie seine Westentasche.
Unten Buchhändlertradition seit mehr als 300 Jahren: Die Bouquinisten von Paris gehören inzwischen zum UNESCO-Weltkulturerbe.

DIE BOUQUINISTEN

Nachdem ich mich von Craig verabschiedet habe, passiere ich die Rue de la Parcheminerie in östliche Richtung, wo ich auf die belebte Rue Saint-Jacques gelange und mich von einer nicht enden wollenden Menschenmenge zum Seine-Ufer hinauftreiben lasse.

Bald erreiche ich die Bouquinisten, Paris' traditionsreiche Freiluftbuchhändler, die hier ihre Ware in grünen, in der Kaimauer verankerten Ständen feilbieten, verabschieden sich gerade in den Feierabend. Die Tradition dieser Handelsform geht bis ins 16. Jahrhundert zurück. Inzwischen gehören die Bouquinisten, von denen es in Paris über zweihundert entlang des Seine-Ufers gibt, offiziell zum UNESCO-Weltkulturerbe.

Vor mehreren Monaten habe ich einen Artikel über einen dieser Buchhändler gelesen, die in der Regel jahrelang auf eine Lizenz für eine der begehrten Flächen warten müssen, und ich frage mich, ob ich den porträtierten Händler erkennen würde, wenn ich ihm nun begegne. Zugegeben, ein hoffnungsloses Unterfangen! Ich wechsle die Straßenseite, wo ein schmaler Asphaltweg zwischen einem eingezäunten Kleingarten hindurchführt und mich geradewegs zu meinem nächsten Ziel geleitet:

SHAKESPEARE AND COMPANY

Um die Geschichte dieser wundervollen Buchhandlung zu verstehen, muss man weit in die Vergangenheit zurückgreifen: 1919 schrieb die Amerikanerin Sylvia Beach das erste Kapitel dieser Geschichte, indem sie die Buchhandlung Shakespeare and Company auf der Rue de l'Odéon, ungefähr fünfhundert Meter vom heutigen Standort entfernt, eröffnete.

Die auf englischsprachige Literatur spezialisierte Buchhandlung machte sich schnell einen Namen und wurde zum Hotspot vieler Schriftsteller der Lost Generation (zum Beispiel Ernest Hemingway und T. S. Eliot). Dass dann auch noch die Erstausgabe von James Joyce' Welterfolg *Ulysses* von Sylvia Beach verlegt wurde (und zwar am 02.02.1922, dem vierzigsten Geburtstag von James Joyce), machte die Buchhandlung über die Ländergrenzen hinaus bekannt.

Im Zuge des Zweiten Weltkriegs und der deutschen Besatzung von Paris wurde die Buchhandlung jedoch geschlossen.

1951 eröffnete ein anderer Amerikaner, nämlich George Whitman, eine kleine Buchhandlung in der Rue de la Bûcherie und begründete damit das zweite Kapitel der Geschichte.

Die Buchhandlung, die zunächst Le Mistral hieß, wurde ihrerseits zu einer wichtigen Anlaufstelle für Autoren der Beat-Generation und hielt viele Veranstaltungen ab, die ein großes Publikum anzogen.

Das Besondere: Vom ersten Tag an nahm George Whitman Fremde in seiner Buchhandlung auf und bot ihnen eine kostenlose Unterkunft für die Nacht – bevorzugt wurden dabei natürlich junge Schriftsteller. Whitman nannte sie liebevoll »*Tumbleweeds*« (Steppenläufer) und wollte mit diesem Angebot etwas aus der Zeit seiner eigenen Jugend zurückgeben, als er ohne Geld quer durch die USA und Mexiko gereist war und selbst zu Zeiten der Großen Depression überall nach Kräften unterstützt wurde.

Irgendwann wurde auch Sylvia Beach auf diese besondere Buchhandlung aufmerksam und freundete sich mit George an. Gemeinsam gestalteten sie die Buchhandlung, die immer mehr an Fläche und Etagen dazugewann, nach dem Vorbild von Shakespeare and Company um. 1958 eröffnete Sylvia Beach Whitman bei einem gemeinsamen Essen, dass sie ihm nach ihrem Tod nicht nur die eigene Privatbibliothek vermachen werde, sondern auch die Namensrechte.

1962 verstarb Sylvia Beach; 1964 wurde Le Mistral in Shakespeare and Company umbenannt.

Überschattet von dunkelgrünen Markisen, auf denen in leuchtendem Gelb der Name der Buchhandlung steht, befindet sich auf einer Seite das Antiquariat, auf der anderen die Buchhandlung.

In der Mitte der Fassade ist eine Tafel angebracht, die in kunstvoll verschnörkelter Kreideschrift von der Historie dieses

Oben Paris, kurz vor 23.00 Uhr: In der nächtlichen Außenansicht wirkt Shakespeare and Company noch schöner als ohnehin schon.
Unten Im Eingangsbereich hält eine kleine Glasvitrine aktuelle Titel für die Besucher bereit. Das Hinweisschild »No photos« galt glücklicherweise nicht für mich.

Hauses erzählt. Ganz rechts befindet sich eine offene Holzvitrine an der Wand, vor der ebenso Kunden stehen und stöbern wie vor den beiden Auslagetischen, die auf dem Platz vor der Buchhandlung platziert sind.

Ich will gerade hineingehen, als ich ein Schild entdecke, das mir beinahe das Herz bricht: »*No photos, please!*«

Doch die Atmosphäre in der Buchhandlung nimmt mich sogleich wieder ganz für sich ein: Der erste Raum ist groß und in einem nicht zu hellen, warmen Licht ausgeleuchtet, mehrere Kronleuchter hängen zwischen Holzbalken an der Decke. In den hohen Regalen aus Holz findet sich vor allem allgemeine Literatur.

Ganz vorn – im direkten Eingangsbereich – steht eine Glasvitrine mit besonderen Literaturtipps der Buchhändler, die aktuell zu den sommerlichen Temperaturen passen: »*Heatwave Fiction*« ist auf der Vitrine zu lesen – und darin sind Titel wie *Flammenwerfer*, *Fahrenheit 451* und *Burnt Island* ausgestellt.

Gegenüber einem Tisch mit Notizbüchern und Lesezeichen von Shakespeare and Company befindet sich ein Tresen, der Kasse und Information zugleich ist. Ich spreche die Buchhändlerin dahinter an und frage auch, ob ich für mein Buchhandlungsprojekt nicht doch Fotos machen darf. Danielle ist sofort meine persönliche Heldin des Tages. Ich darf! Obwohl viele Kunden im Laden sind, notiert sie mir auf einem Lesezeichen sogar noch einen echten Geheimtipp in Madrid: Desperate Literature; dort hat sie selbst vormals gearbeitet.

Auf die *Tumbleweeds* angesprochen, lacht sie zunächst vergnügt und bestätigt mir dann, dass George Whitman tatsächlich so handelte – bis heute soll Shakespeare and Company schon über dreißigtausend Personen aufgenommen haben. Im Gegenzug mussten die Gäste täglich ein Buch lesen, für wenige Stunden pro Tag in der Buchhandlung aushelfen und etwas über sich schreiben.

Selbst Sylvia Whitman, Georges Tochter und nach der Inhaberin der ursprünglichen Buchhandlung benannt, hat diese schöne Tradition übernommen, seit sie die Geschäfte leitet.

Ich danke Danielle ganz herzlich und begebe mich in den hinteren Teil der Buchhandlung. Durch den »*Old Smoky Reading Room*«, wie er überschrieben ist, gelange ich zu einer Treppe, die ins Obergeschoss führt und deren handbeschriebene Stufen sich auf dem Weg nach oben zu einem Zitat zusammenfügen:

»*I wish I could show you when you are lonely or in darkness the astounding light of your own being*. Hafiz.«

Hafiz oder auch Hafis gilt als einer der bedeutendsten persischen Dichter, dessen Werk einst sogar Goethe zu dem Gedichtzyklus *West-östlicher Divan* inspirierte.

Mein Blick schweift weiter über die Wand mit handgemalten Porträts von Autoren, deren Vergangenheit eng mit jener der Buchhandlung verknüpft ist: Hemingway, Joyce, Miller usw.

Im ersten Teil des Obergeschosses sind Kinderbücher ausgestellt, ich folge den Regalen bis zu einer Wand, die mit Notizzetteln tapeziert ist, die Besucher hinterlassen haben.

»*This bookshop is awesome!*« steht dort zum Beispiel geschrieben.

Im nächsten Raum – der Privatbibliothek George Whitmans mit Bett – sitzt ein junger Mann und spielt Klavier. Ich lausche eine Weile den Klängen.

»*Be not inhospitable to strangers, lest they be angels in disguise*« (»Sei Fremden gegenüber niemals ungastlich, sie könnten verkleidete Engel sein«), steht über dem nächsten Durchgang geschrieben – wenn dieser Spruch zu einer Buchhandlung passt, dann wohl zu dieser, denke ich.

Gern möchte ich jetzt noch ein Erinnerungsfoto von der Fassade machen. Doch wegen der vielen Passanten leichter gedacht …

»*Come back in about one hour*«, sagt plötzlich jemand hinter mir. Es ist ein Künstler auf einer Bank, der selbst gerade damit beschäftigt ist, die Fassade zeichnerisch nachzuempfinden. »*Trust me. Come back in one hour*«, bekräftigt er seinen Rat noch einmal.

Ich nicke dem Zeichner zu und blicke auf die Uhr: 21.40.

Eine Stunde später macht mich die beinah unwirklich schöne Kulisse, vor der ich nun stehe, kurz sprachlos.

Die Markisen inzwischen eingefahren, kommt über dem Eingang ein gelbes, indirekt beleuchtetes Namensschild der Buchhandlung zum Vorschein. Davor hängt eine bunte Lampion-

Lichterkette zwischen dem Baum, der den Abschluss des Vorplatzes bildet, und der Büchervitrine seitlich des Eingangs, die keinesfalls kitschig wirkt, sondern das Gesamtbild perfekt abrundet. Ich mache ein paar Fotos und betrachte ungläubig das Display, als ich den Zeichner lächelnd auf mich zukommen sehe.

»*I told you so*«, sagt er mit einem Grinsen und streckt mir dabei seine rechte Hand entgegen; unter dem linken Arm hält er die Staffelei.

»Nicholas«, fügt er noch hinzu, und ich danke ihm für den wundervollen Tipp.

Auf dem Weg zum Hotel poste ich heute nur ein Foto auf meiner Facebook-Seite. Es zeigt die nächtliche Kulisse von Shakespeare and Company, dazu schreibe ich: »*Another day in bookseller's paradise.*«

Am nächsten Morgen erreicht mich ein Anruf aus Deutschland. Es ist eine Mitarbeiterin vom Börsenverein des Deutschen Buchhandels, die mir mitteilt, dass ich für einen Branchenpreis nominiert wurde. Unglaublich! Paris scheint mir Glück zu bringen – und so beschließe ich bei einem kurzen Sonnenpicknick im angrenzenden Park der Église Saint-Laurent, meinen Aufenthalt um einen Buchhandlungsbesuch zu verlängern.

Nachdem ich meine frisch gewaschene sowie getrocknete Wäsche wieder im Trolley verstaut habe, fahre ich mit der Metro zur Station Tuileries, die am gleichnamigen Jardin des Tuileries, einem ehemaligen Schlosspark, liegt. Das Parkgelände erscheint riesig und beheimatet im vorderen Bereich einen Jahrmarkt. Auf der anderen Seite der Rue de Rivoli, einer der bekanntesten Straßen Frankreichs, auf der alljährlich die Tour de France ihren Abschluss nimmt, wirken sämtliche Häuser wie eine Einheit. Absolut gleichförmig in ihrer Bauweise sind die vierstöckigen Bauten mit ihren Arkadengängen hier aufgereiht.

Ich steuere das Haus mit der Nummer 224 an, dort befindet sich der nächste Ort meiner Wahl:

... SCHON GEWUSST? #PORTEOUVERTE

Nachdem es am 13. November 2015 zu den schrecklichen Selbstmordattentaten in Paris gekommen war, tauschten sich die Bewohner über den Twitter-Hashtag #PorteOuverte miteinander aus und boten Hilfesuchenden in der französischen Landeshauptstadt somit ein sicheres Obdach für die Nacht.

Auch Shakespeare and Company, das zur Tatzeit noch geöffnet hatte, setzte ein klares Zeichen ganz im Sinne seines Gründers George Whitman und entließ rund zwanzig Kunden nicht etwa in die Unwägbarkeiten dieser denkwürdigen Nacht, sondern nahm sie bis zum nächsten Tag bei sich auf.[3]

LIBRAIRIE GALIGNANI

Mindestens ebenso würdevoll wie der gesamte Straßenzug anmutet, ist die Buchhandlung im Erdgeschoss des historischen Gebäudes eingebettet. Die großen Fensterfronten sind auf Hochglanz poliert und – auch hier – vornehm dunkelgrün umrahmt, während ein Betonstützpfeiler linksseitig des Eingangs darauf hinweist, dass es sich hier um die erste englische Buchhandlung des Kontinents handelt. Als ich unmittelbar vor dem Eingang stehe, schweben die Türen summend auf und ich hinein.

Insgesamt verströmt Galignani eine wohlig-behagliche Atmosphäre, die mich zu einem ersten Rundgang verführt. Mir fällt vor allem die unglaublich große Kunstabteilung auf, die von Prachtbildbänden über Fachbücher bis zu Monografien reicht und von einer Glaskuppel überthront wird, in deren Licht die Bücher besonders gut zur Geltung kommen. Die übrigen dunklen Holzregale werden allesamt indirekt beleuchtet und von kleinen Trittleitern gesäumt. Und ebenfalls bemerkenswert: der Lesesaal, der sich hier anschließt.

Die englischsprachige Abteilung, die in allgemeine Belletristik, Politik und Geschichte untergliedert ist, scheint mir das Herzstück der Buchhandlung zu bilden: Dank eines eingezogenen Mezzanines werden die Bücher innerhalb dieser Abteilung auf gleich zwei Ebenen präsentiert, wobei im Zentrum des Raumes einige urgemütlich anmutende Sessel zum Schmökern einladen. Die Lederbespannung ist zwar sehr gepflegt, aber unübersehbar alt, und ich würde zu gern wissen, wer hier schon alles gesessen und in Büchern gelesen hat. Für den Moment hat nur auf einem

---

3 http://www.boersenblatt.net/artikel-terroranschlag.1047667.html

der Sessel eine junge Frau Platz genommen, die in die Lektüre des Titels *How to be Parisian* vertieft ist, und ich kann mir ein Schmunzeln nicht verkneifen.

Von einem jungen Buchhändler, den ich etwas später auf die Hinweistafel am Eingang anspreche, erfahre ich, dass die Geschichte der Galignanis bis in das 16. Jahrhundert zurückreicht, wo sie in Italien zunächst als Verleger in Erscheinung traten. Im 18. Jahrhundert kam Giovanni Antonio Galignani dann über London nach Paris, wo er 1801 die Buchhandlung sowie einen Lesesaal eröffnete. Außerdem begann man mit der Publikation einer literarischen Zeitung für die englischsprachige Bevölkerung von Paris, der einige sehr bekannte Autoren dieser Zeit Texte beisteuerten (so zum Beispiel Lord Byron). 1856 folgte der Umzug an den aktuellen Standort.

»Eine wirklich imposante Geschichte«, staune ich, woraufhin mir der Buchhändler den Tipp gibt, beim Hinausgehen noch einmal die Regalwand der französischsprachigen Abteilung in Augenschein zu nehmen.

Dort entdecke ich eine Marmorbüste. Auf dem Holzsockel ist in goldenen Lettern ein Name eingraviert: Giovanni Antonio Galignani. Wie ein guter Geist ist der Gründer der Buchhandlung also immer noch da.

Vom Bahnhof Montparnasse bringt mich eine Direktverbindung mit dem TGV ins rund sechshundert Kilometer entfernte **Bordeaux**, wo mich um 22.15 Uhr das ausgesprochen schmuckvolle Bahnhofsgebäude willkommen heißt: Die eleganten Laternenkonstruktionen verströmen in der weitläufigen, theaterähnlichen Halle ein angenehmes Licht, das unmittelbar vor dem Bahnhof eine indirekte Fortsetzung findet. Unter dem dunkelblauen Nachthimmel erstrahlt die gegenüberliegende Häuserfront in warmen Rot- und Gelbtönen, was von der Beleuchtung einer Grande Brasserie sowie eines Restaurants herrührt. Gleich nebenan findet sich mein Hotel für diese Nacht, in das ich zunächst einchecke und danach nur noch für einen spätabendlichen Snack verlasse (»*Samurai Kebap*«, sehr zu empfehlen).

Im hinteren Bereich der Buchhandlung Galignani ist ein Mezzanine eingezogen, so dass die Bücher hier auf gleich zwei Ebenen präsentiert werden.

Als ich am nächsten Morgen, es ist mein achter Reisetag, auschecke und an der Bus- und Bahnhaltestelle auf eine Verbindung in Richtung Innenstadt warte, bestätigt sich das, was sich auf meiner gestrigen Zugfahrt in Richtung Südwesten bereits angedeutet hatte: Auch wenn Bordeaux zu den zehn größten Städten Frankreichs zählt, scheint der gesamte Lebensstil hier ein ganz anderer zu sein.

Während Paris immer und überall voller Leben, Bewegung und einer gewissen Eile strotzt, geht es in der Region Aquitanien offenbar deutlich entspannter zu. Aus dem TGV heraus sah ich bereits am Vortag einige Bewohner der Region im Sonnenuntergang hinter ihren Häusern schlummern oder ihre Gärten wässern. Und auch der Fahrtakt der Busse versucht gar nicht erst, mit den Zwei-Minuten-Verbindungen der Pariser Metro mitzuhalten, alle dreißig Minuten verkehrt ein Bus ins Zentrum.

Ich entscheide mich schließlich für eine Fahrt mit der Straßenbahn, die am sonnigen Ufer der Garonne entlangführt und für mich an der Place de la Bourse endet.

Die ehemalige Hafenbörse von Bordeaux, die ich rechtsseitig passiere, ist rein äußerlich kaum von einem herrschaftlichen Regierungspalast zu unterscheiden. Vorbei am imposanten Grand Théâtre, das aus dem 18. Jahrhundert stammt und dessen Vordach von zwölf korinthischen Statuen gekrönt ist, gehe ich weiter stadteinwärts, wo ich schließlich auf die Rue Vital Carles einbiege und mein nächstes Ziel direkt vor Augen habe:

LIBRAIRIE MOLLAT

Die Buchhandlung gilt nicht nur innerhalb der Region als wahre Institution, sondern ist in ganz Frankreich bekannt. Mit rund zweitausendfünfhundert Quadratmetern Verkaufsfläche ist Mollat die größte unabhängige Buchhandlung des Landes und hält dabei allerhand Besonderheiten parat. So erstreckt sie sich – mit fünf verschiedenen Eingängen – nicht nur über die Hälfte des Straßenzuges der Rue Vital Carles, sondern nimmt auch ungefähr die gleiche Länge der abzweigenden Rue de la Porte Dijeaux in Anspruch. Wo auch immer man hinsieht, strahlt das Mollat-typische Blau von der Fassade, mit dem die großen Schaufenster umrahmt sind.

Der Grund dafür wird schnell klar, wenn man in das Innere tritt und die Buchhandlung erforscht: Die Librairie Mollat besteht aus neun ursprünglich komplett eigenständigen Flächen, die im Zuge der fortwährenden Expansion zusammengelegt beziehungsweise nach und nach erschlossen wurden, wie ich schon vorab gelesen hatte. Dabei blieb der Charakter der entsprechenden Flächen erhalten, sodass nahezu jeder Raum komplett eigenständig ist.

Der erste Raum, den ich erkunde, mutet wie eine Kunstausstellung an. Und tatsächlich: Es ist die Kunstabteilung, in deren Mitte eine Art Pavillon aufgebaut ist, von dessen Balustraden Lampenschirme hinabhängen und die Tische mit den hochwertigen Hardcover-Bänden ausleuchten. Links- und rechtsseitig davon schmiegen sich schwarze Regale an die Wände und bilden einen langen Gang, zu dessen Ende der Buchhändler Davide sitzt, der mich freundlich begrüßt und sogleich dazu ermuntert, die ganze Buchhandlung in aller Ruhe für mich zu entdecken und gern Fotos davon zu machen.

Der nächste Raum ist mit einem kleinteiligen Mosaikboden anstatt Granitfliesen versehen, während die Regale sowie die Innenverkleidung der Fensterfront aus hellem Eichenholz gefertigt sind. An der Decke hängen einzelne verchromte Spots, die auf die ausgestellten Werkbänke gerichtet sind und die Architekturabteilung auf diese Weise perfekt in Szene setzen. Und genau so geht es immer weiter: Jeder Raum hält eine neue Überraschung bereit, und ich bin mit jedem Durchgang gespannt, was mich als Nächstes erwartet.

Die Kinderbuchabteilung ist mit einem blaugrauen Teppich ausgelegt, während die Wände quietschgrün und pink gestrichen sind, davor ebenso bunte Möbel. An der Decke des Raumes sind farbenfrohe Blumengirlanden arrangiert, und die Tische sind mit eigens gefertigten Dekobäumen aus Pappe geschmückt.

Des Weiteren gibt es bei Mollat eine große Musikabteilung, die neben CDs auch Vinyls führt; und im völligen Gegensatz zur englischsprachigen Abteilung, in der sich eine ganze Regalwand findet, deren Buchrücken fast ausschließlich weiß sind, präsentiert sich das Bild in der Krimiabteilung:

Gleich gegenüber der Contemporary Fiction ist eine gesamte Regalwand inklusive der Buchrücken in einem »True Crime«-Schwarz gehalten.

Die vielleicht schönste Abteilung findet sich jedoch auf der Südseite der Buchhandlung und stellt nicht nur die Verbindung zwischen den beiden außen verlaufenden Straßen dar, sondern ist dank der zahlreichen Schaufenster zu beiden Seiten auch lichtdurchflutet. Es ist die Abteilung für französische Literatur. Über den großen Präsentationstischen hängen ebenso große Leuchtkuben, während die auffallend hohen Regale mit kleinen Behelfsleitern ausgestattet sind.

Gerade als ich eine junge Frau dabei beobachte, wie sie sich – der Leiter zum Trotz – nach einem Exemplar von Jacques Bertrands *Brève histoire des choses* streckt, gesellt sich eine Dame zu mir, die nicht nur den Namen Mollat trägt, sondern sich mir als (Ko-)Direktorin der Buchhandlung vorstellt. Offenbar hatte Davide sie über meinen Besuch informiert, was sich nun als echter Glücksfall erweist: Madame Mollat berichtet mir unter anderem, dass die Buchhandlung 1886 gegründet wurde und seitdem stetig wuchs. Nachdem sich (zwischenzeitlich) auch die Buchhandelsketten Virgin und Fnac in Bordeaux ansiedelt hatten, machten sich einige Leute aus der Region zwar zunächst Sorgen um den Fortbestand der Traditionsbuchhandlung, diese erwiesen sich jedoch schon bald als unbegründet: Heute ist Mollat mit 55 ausgebildeten Buchhändlern größer und erfolgreicher denn je.

Eine wahrlich beeindruckende Entwicklung – doch schon nach meiner kurzen Stippvisite kann ich sehr gut nachvollziehen, was die Attraktivität und Anziehungskraft der Librairie für ihre Kunden ausmacht.

Ich verabschiede mich schließlich von Madame Mollat und steuere zielsicher auf den Ausgang an der Rue Vital Carles zu, als mein Blick an einem Bildband in der Reiseabteilung hängen bleibt: *The Journey – The Fine Art of Traveling by Train* aus dem Gestalten Verlag.

Das Motto meiner eigenen Reise, denke ich und verabschiede mich nach dieser schönen Entdeckung nun endgültig aus der Buchhandlung und sodann auch von Bordeaux.

In einem Regionalzug in Richtung der südwestlichen Atlantikküste genieße ich die knapp zweistündige Fahrt bei zur Hälfte heruntergelassenen Fenstern, durch die bald ein immer intensiver werdender Piniengeruch ins Abteil vordringt, der mich herrlich erfrischt – und das Gefühl von Urlaub stärkt und mich zur Änderung meiner Reisepläne verführt. Anders als geplant erkunde ich als Nächstes das Baskenland und reise für eine gute Woche durch Spanien und Portugal, um dann von Barcelona aus an meinem 15. Reisetag wieder zurück nach Frankreich zu finden.

Gegen zweiundzwanzig Uhr erreiche ich **Marseille**, im Süden Europas zum Glück immer noch eine gute Uhrzeit, um eine Buchhandlung zu besuchen. Mit der Metro fahre ich zum Vieux-Port und kann mich gar nicht genug sattsehen an dem Bild, das die Uferpromenade des hiesigen Hafens abgibt. Die Häuserfassaden ringsum werden von blauen und goldgelben Spots ausgeleuchtet, während sich das Licht der Cafés, der Straßenlaternen sowie das einiger Lampionketten im sanften Wellengang des Hafengewässers widerspiegelt.

In der Rue Fortia mit ihren sehr gut besuchten Restaurants und Außenterrassen erreiche ich schließlich das terrakottafarbene Gutshaus, in dem es Bücher geben soll:

LIBRAIRIE JEANNE LAFFITTE LES ARCENAULX

Doch erst einmal erblicke ich Blumenkübel voller südländischer Orchideen vor den Schaufenstern und zwei bestimmt zehn Meter breite Stoffmarkisen, die das Erdgeschoss rechts und links vom Eingang der Buchhandlung überdachen. Spots, die an der Fassade befestigt sind, beleuchten die Schaufenster und die Front des Hauses in warmem orangefarbenem Licht.

Während die linke Hälfte des Hauses verschlossen ist, dringen aus dem rechten Teil Stimmen sowie das Klirren von Geschirr auf den Platz hinaus. Kurz entschlossen stecke ich meinen Kopf durch die Tür und blicke in einen ländlich rustikalen Raum; die Decke ist von Holzbalken gestützt, und unverputzte Steine bilden die Wände. Während sich dunkle Eichenregale, die mit Büchern befüllt sind, an die Seitenwände anschmiegen, stehen im Raum verteilt fein eingedeckte Rundtische mit Lederstühlen darum. Von der Decke hängen große orangegelbe Lampenschirme, die für ein warmes, einladendes Licht sorgen. Eine Mischung aus Buchhandlung und Restaurant also, denke ich und mache ein erstes Erinnerungsfoto, bevor ich auf einen Kellner zusteuere und mich für den nächsten Tag für einen ausgiebigen Besuch verabrede.

Das gesamte Team begrüßt mich am nächsten Vormittag fröhlich. Wie sich herausstellt, trifft sich die Mannschaft jeden Tag bereits eine Stunde vor Schichtbeginn, um gemeinsam zu essen und den bevorstehenden Tag zu besprechen – ein sehr schönes Ritual, wie ich finde.

Im Restaurantteil gibt es neben dem großen Saal, in dem ich mich gestern Abend schon umgeschaut habe, noch einen weiteren Speiseraum, der nahezu identisch aufgebaut ist. Anstelle des rohen Mauerwerks sind die Wände hier allerdings verputzt und weinrot gestrichen, und auch die seitlich angeordneten Bücherregale passen sich dieser Farbgebung an.

Hinter den beiden Restaurantsälen schließt sich im Durchgang zur Küche ein Foyer an, das eine Art Teestube und Boutique darstellt. In den beleuchteten Vitrinen sowie auf den ausgestellten Tischen werden aber nicht nur Weine, Tees und Geschenkartikel angeboten, sondern – natürlich – auch Bücher.

Neben einer kleinen Auswahl an Regionaltiteln finden sich hier auch französische Ausgaben aktueller Bestseller wie Paula Hawkins' *Girl on the Train – Du kennst sie nicht, aber sie kennt dich* und *Die Interessanten* von Meg Wolitzer.

Anschließend, als das Restaurant sich so langsam mit Mittagsgästen füllt, gehe ich in den anderen Gebäudeteil hinüber, wo sich die eigentliche Buchhandlung befindet.

Die Räume sind hier ebenfalls in der dunklen Stein- und Edelholzoptik des Hauptsaals gehalten, was auf die Tatsache zurückzuführen ist, dass es sich bei Les Arcenaulx um eine alte Lagerhalle aus dem 17. Jahrhundert handelt, wie mir der freundliche Buchhändler berichtet.

»Möchten Sie einen Wein oder ein Parfum zu Ihrem Buch?« – Bei Les Arcenaulx ist für alle Eventualitäten vorgesorgt.

Durch diese authentische und zugleich etwas urige Kulisse entfaltet der Raum eine sehr spezielle Atmosphäre, die perfekt zum Buchsortiment passt: Neben antiquarischen Titeln werden Nachdrucke seltener Werke ebenso angeboten wie Kunstdrucke, Postkarten, historische Titel und Reiseliteratur.

»Das Besondere ist jedoch, dass wir auch unsere eigenen Bücher produzieren«, führt der Buchhändler aus und zeigt dabei auf eine Tischpräsentation, die verschiedene Titel aus der Reihe Éditions Jeanne Laffitte versammelt.

»Jeanne Laffitte ist unsere Chefin«, erklärt er, »der Verlag ist im ersten Obergeschoss ansässig.«

Und dann verrät er mir noch, dass ausschließlich Titel verlegt werden, die einen ausgeprägten Regionalbezug haben: »Die erste Publikation stammt zum Beispiel schon aus dem Jahr 1978 und war die erste Romanveröffentlichung Jean-Claude Izzos.«

Wahnsinn! Der Autor der Marseille-Trilogie, denke ich und bereue es sogleich ein bisschen, die Bücher bislang noch nicht gelesen zu haben.

Mit einem letzten Blick durch den vorderen Raum der Buchhandlung lasse ich dessen Behaglichkeit noch einmal auf mich wirken und kehre in gelöster Stimmung zum Alten Hafen zurück.

Die Jachten und Segelboote tanzen dort gefällig auf dem azurblauen Mittelmeer, während eine Gruppe Musiker mit Trommeln, Rasseln und Tamburinen für Unterhaltung sorgt und die Touristen dazu anhält, es den swingenden Booten gleichzutun.

Unmittelbar hinter dem Hafenviertel schließt sich eine Anhöhe an, auf der eine große Kirche thront, die in der gleißenden Mittagssonne erstrahlt. Es ist die Basilika Notre-Dame de la Garde, Wahrzeichen und Wallfahrtsort Marseilles, die mich für einen Moment innehalten und diese besondere Aussicht genießen lässt. Die ganze Stadt ist von sommerlich-maritimem Flair erfüllt, dem eine unbeschreibliche Leichtigkeit innewohnt.

Vorbei am großen Museum auf der La Canebière biege ich kurz darauf in die Rue Paradis ein, wo der Duft von Zuckerwatte eines angrenzenden Jahrmarkts in der Luft liegt.

Gleich in der ersten Seitenstraße, der Rue Pavillon, geht es ebenfalls um Düfte – in diesem Fall jedoch um einen ganz besonderen:

L'ODEUR DU TEMPS

Die Buchhandlung, deren Name übersetzt »Der Duft der Zeit« bedeutet, ist in einer zitronengelben Villa gelegen, deren obere Stockwerke mit schmiedeeisernen Balkonen verziert sind. Sämtliche Fenster der drei Etagen setzen sich weiß gerahmt vom gelben Grund ab und sind mit dunkelgrauen Fensterläden aus Holz ausgestattet.

In exakt diesem Farbton ist auch die Fassade der sich im Erdgeschoss befindenden Buchhandlung gehalten, in deren Mitte ein großformatiges Schaufenster eingefasst ist.

Oberhalb des Schaufensters setzt sich der Name der Buchhandlung in goldenen Metalllettern von der dunkelgrauen Fassade ab, wodurch diese im Gesamtbild beinahe so schmuckvoll wirkt wie die Librairie Jousseaume in Paris.

Ich betrete die Buchhandlung schließlich und atme tief ein – *das* also ist der Duft der Zeit. Der Boden ist mit karminroten Kacheln gefliest, während sich links- und rechtsseitig türkisfarbene Regalwände anschließen. In der Mitte des übersichtlichen Raumes sind einige Bambustische aufgestellt, auf denen weitere Bücher – vorwiegend französischsprachige Romane – präsentiert werden, während sich im hinteren Teil der Treppenaufgang zu einem kleinen Obergeschoss anschließt, das von hier aus komplett einsehbar ist. Eine Katze mit weiß-gold-braunem Fell kommt die Treppe hinuntergetapert und schmiegt sich zur Begrüßung schnurrend an mein Jeansbein; kurz darauf folgt ein junger schlaksiger Mann, hinter dessen dunklem Pony sich ein etwas schüchterner Blick versteckt.

Als ich mich ihm vorstelle, löst sich diese Zurückhaltung dann jedoch ein wenig – und als wir gemeinsam durch die Buchhandlung laufen, geraten wir schließlich sogar ins Plaudern. Er erzählt mir, dass Marseille 2013 Kulturhauptstadt Europas war und dass man diesem Titel natürlich gerade als Buchhandlung täglich gerecht werden möchte. L'Odeur du Temps steht für Kultur, Literatur sowie Zeitgeschichte, und während sich im Obergeschoss Titel zu den Themen Philosophie, Politik, Kunst, Soziologie und vielen weiteren Sachbereichen finden, ist das Erdgeschoss der Belletristik gewidmet. Die Buchhandlung ist außerdem Mitglied im Zusammenschluss Unabhängiger Buchhandlungen der Region Provence-Alpes-Côte d'Azur, dem insgesamt rund siebzig Unternehmen angehören.

»Somit organisieren wir nicht nur eigene Veranstaltungen, sondern können auch gemeinsame Projekte planen«, sagt der Buchhändler. »Zum Welttag des Buches findet beispielsweise jährlich die Fête de la librairie par les libraires indépendants statt … ein

Fest der unabhängigen Buchhandlungen«, führt er fort – und während er so von der Bedeutung des Buchhandels spricht, füllt sich auch die Restleere in seinem Blick mit lebendiger Begeisterung.

Als ich abschließend noch ein wenig durch das Sortiment im Erdgeschoss stöbere, dem als Ordnungsprinzip übrigens die Nationalität des Autors zugrunde liegt (!), entdecke ich einen Titel, der mich sofort anspricht:

Des bibliothèques pleines de fantômes von Jacques Bonnet.

»Sie würden das Buch mögen«, sagt der aufmerksame Buchhändler, »Jacques Bonnet ist selbst Autor, Verleger und Übersetzer – und dieses Buch ist seiner größten Leidenschaft gewidmet: den Büchern.«

Bereits auf dem Weg zur nächsten Buchhandlung entdecke ich auf dem Handy, dass es tatsächlich eine deutsche Übersetzung gibt: *Meine vielseitigen Geliebten – Bekenntnisse eines Bibliomanen* ist bereits 2009 bei Droemer erschienen und war mir bis heute unbekannt. Während ich den Hafen am Nordufer passiere, schicke ich mir ein Memo ins Büro, um diesen Titel garantiert nicht zu vergessen.

Nach etwa zweihundert Metern führt ein breiter Treppenaufgang aus dem Hafenbereich hinaus. Kurz darauf, gegenüber einer alten Kirche, stehe ich vor meinem nächsten Buchhandlungsziel:

CUP OF TEA

Bereits auf der Terrasse des fünfstöckigen sandfarbenen Hauses breitet sich diese außergewöhnliche Ladenkombination einladend aus: Unter einem Schatten spendenden Pavillon aus Kokosfasern finden sich zahlreiche Holztische und -stühle, die beinahe vollständig mit Gästen besetzt sind. Dazwischen erwachsen aus dunklen Eichenfässern kleine Palmbäume und Sträucher, die das mediterrane Stimmungsbild perfekt abrunden. Hinter dem Pavillon drängt sich eine weiße Markise in den Blick, die den Eingangsbereich überdacht und an der Front mit *Salon de thé – Librairie – Café* beschrieben ist.

Ich bahne mir einen Weg über die belebte Terrasse und stehe schließlich unmittelbar vor dem Eingang, wo es nach frischem Kaffee und Quiche duftet. In den dunkelgrau eingerahmten Schaufenstern werden ausgewählte Bücher präsentiert (ich entdecke unter anderem James Ellroys Historienkrimi *Perfidia*, der zu Zeiten des Zweiten Weltkriegs spielt), während sich zur rechten Seite eine Schiefertafel anschließt, die über die Tagesangebote des Cafés informiert.

Als ich über die Schwelle trete, die aus einem kleinteiligen Fliesenmosaik besteht, auf dem unter anderem der Name der Buchhandlung abgebildet ist, finde ich mich in einem schmalen Raum wieder, der liebevoller wohl kaum hätte eingerichtet werden können.

Unter einem goldenen Kronleuchter säumen hellbraune Holzregale die orangefarbenen Wände und präsentieren dabei nicht nur eine handverlesene Auswahl an Büchern, sondern darüber hinaus auch feine Teesorten.

Die Bücher sind hinsichtlich ihres Handlungsorts vorsortiert und werden im gesamten Raum um besondere Dekoelemente ergänzt. So findet sich eine antike Schreibmaschine ebenso in der Auslage wie ein altes Transistorradio – und ein Saxofon weist wie die zahlreichen Fotos, die an den Wänden hängen, darauf hin, dass die Inhaber zusätzlich ein großes Herz für die Musik haben müssen.

Ich gehe schließlich zu der Bar hinüber, die sich auf der linken Seite anschließt und hinter der gleich zwei Personen geschäftig werkeln. Eine davon ist Nathalie, die Gründerin von Cup of Tea. Als ich erläutere, was mich zu ihnen führt, strahlen mich ihre dunklen Augen hinter der rotbraunen Rundbrille ungläubig an. Sie freut sich sichtlich und entschuldigt sich zugleich für ihr vermeintlich schlechtes Englisch, weswegen sie mir mithilfe ihres Kollegen erklärt, dass sie Cup of Tea im November 2002 eröffnet habe. Ihre Idee dieser besonderen Kombination aus Buchhandlung, Café und Teehaus erwies sich als Volltreffer, den man inzwischen sogar noch um den Verkauf von Vinylplatten und das Ausrichten von kleinen Konzerten ergänzt hat.

Mit einem hausgemachten Eistee und einem saftigen Stück Apfelkuchen setze ich mich anschließend auf die Terrasse und genieße noch ein wenig die Nachmittagssonne, bevor ich meinen Reisetrolley im Hotel abhole und mit der Metro zum Hauptbahnhof zurückfahre.

Im Zug geht es nun an der Côte d'Azur entlang, wo sich mir durch die großen Panoramafenster eine wunderbare Aussicht eröffnet. Stimmungsvoller hätte diese letzte Fahrt durch Frankreich nicht sein können: Gerade noch zogen Schnellboote auf dem Ozean weiße Schaumlinien hinter sich her, jetzt färbt die über dem Meer untergehende Sonne scheinbar alles in ein wundervolles Abendrot.

… SCHON GELESEN?

Empfehlenswertes französischer Autoren:
Alle meine Wünsche, Grégoire Delacourt
Simpel, Marie-Aude Murail
Nathalie küsst, David Foenkinos
Betty Blue. 37,2 Grad am Morgen, Philippe Djian
Laufen, Jean Echenoz
Keine Sorge, mir geht's gut, Olivier Adam
Zusammen ist man weniger allein, Anna Gavalda
Julie weiß, wo die Liebe wohnt, Gilles Legardinier

Wo man Superhelden in Büchern und dem schönsten Lächeln der Stadt begegnen kann

5. Kapitel

SPANIEN

Die Librería Bardón: Roter Teppich und Wände, die aus Bücherregalen gefertigt sind. Dazwischen ist eine Schmuckvitrine integriert, die zugleich als Schaufenster dient.

Mit einem Bus erreiche ich **Bilbao**, die größte Stadt im Baskenland, an einem Freitagabend gegen zweiundzwanzig Uhr. Der Busbahnhof liegt rund 2,5 Kilometer nordwestlich vom Hauptbahnhof, dort in der Nähe befindet sich das Hotel, in dem ich unterwegs ein Zimmer für die Nacht gebucht habe. Kurz entschlossen gehe ich zu Fuß quer durch die Stadt – und bin am Ende völlig angetan vom lebendigen Treiben und der einzigartigen Stimmung überall: In den engen, symmetrisch angelegten Gassen vermischt sich das goldene Licht der Straßenlaternen mit den sommerlichen Temperaturen, und es scheint hier jeden in der Stadt hinauszutreiben aus den eigenen vier Wänden, um in einer der herrlichen Bars, einem Restaurant oder Café einzukehren und Freunde zu treffen.

Vor allem östlich des Ría de Bilbao, des Flusses, der die Stadt in Richtung Meer durchzieht, werden die Gassen nicht nur immer schmaler, sondern sind ganz und gar mit Menschen gefüllt. Unter den Klängen von Akustikgitarren und Folkloregesängen wird hier gespeist, getrunken, gelacht sowie getanzt – während ich mit meinem Reisetrolley meinen ganz eigenen Freudentanz vollführe.

Am nächsten Morgen schlendere ich durch die beinahe menschenleere Fußgängerzone und kaufe in einem Lebensmittelgeschäft ein wenig Verpflegung für den Tag ein.

Als ich mit meinem Einkauf an der Kasse stehe und auf Englisch mit einer passenden Handbewegung um eine Tragetasche bitte, scheint sich die junge Frau hinter dem Tresen herausgefordert zu fühlen.

»*Ezkutatu?*«, erwidert sie fragend, was sich nach einem »Wie bitte?« anhört – zeigt dabei aber ein freches Lächeln, als hätte sie mich längst verstanden.

Ich mache also eine noch deutlichere Tragebewegung, woraufhin sie herzlich zu lachen beginnt.

»*Ahhhh, una poltsa!*«, sagt sie vergnügt – und während sie mir die Tüte reicht, in die sie meine Einkäufe verstaut hat, wiegen sich ihre dunklen langen Locken im Rhythmus ihres Amüsements.

»*Una poltsa*«, wiederhole ich langsam – und mit Blick auf das Namensschild, das ihre Lockenpracht anfangs verdeckt hielt, sage ich: »*Muchas gracias,* Maria!«

»*Have a nice day*«, wünscht Maria und strahlt mich an.

Angesteckt von ihrer Fröhlichkeit ziehe ich weiter zu meinem ersten spanischen Buchhandlungsziel:

LIBRERÍA ASTARLOA

Von außen vielleicht etwas unscheinbar anmutend, ist die Buchhandlung mit der sehr schmalen Fassade in der gleichnamigen Astarloa Kalea gelegen – nur einen Steinwurf vom beliebten Albia Garten entfernt.

In das Erdgeschoss eines mehrstöckigen Gebäudes ist hier eine etwa zwei Meter breite Glasfront eingelassen, die an der Oberseite schwarz abgesetzt und in Goldlettern mit »Astarloa – Librería Anticuaria« überschrieben ist.

Der eher nüchterne Eindruck im ersten Moment, der durch die gedrungene Schaufensterfront entsteht, löst sich mit Betreten der Buchhandlung umgehend wieder auf. So besticht gleich der Eingangsbereich durch seine außergewöhnliche Einrichtung: An die dunkelroten Wände schmiegen sich Regalkonstruktionen an, die beinahe arabesk wirken und auf der einen Seite mit farbenfrohen Pyramidendächern verziert sind. Währenddessen muten die Regalflächen zur rechten Seite gar wie ein Palast aus 1001 Nacht an, der nach oben hin von gold-blauen Verzierungen umrankt wird. Zu diesem Bild passt auch die dunkelblaue und mit etwas Stuck abgesetzte Decke, in der die grellen Spots wie Sterne am Nachthimmel aussehen, die auf das wüstensandbraune Laminat hinabscheinen. In der Mitte des Raumes ist eine große Tischvitrine aus Glas platziert, in der sich besondere Schmuckstücke der spanischen Literatur zu befinden scheinen.

Ich gehe zu dem kleinen Tresen hinüber, der sich am Ende des Raumes an die Regalwände anschließt, und stelle mich vor.

Wie sich sehr schnell zeigt, spricht Javier, der Inhaber der 1992 gegründeten Buchhandlung, allerdings nur Baskisch und

Spanisch, sodass mir nichts anderes übrig bleibt, als meinen für diesen Fall vorbereiteten Notizzettel herauszuholen und vorzulesen, wer ich bin und was mich hierhertreibt.

Woraufhin mir Javier, der in seinem dunklen Anzug und mit den leicht grau melierten Schläfen auch als Schauspieler oder Manager eines Fünfsternehotels durchgehen würde, mit einer einladenden Handbewegung in Richtung des Treppenaufgangs bedeutet, dass ich herzlich willkommen sei.

In der oberen Etage erwartet mich eine Art umlaufende Empore, die zu ihren zwei Längsseiten mit deckenhohen Regalen ausgestattet ist, in denen jedes Fach – wie schon in der Librairie Auguste Blaizot – seine eigene Nummer hat.

Darin finden sich ausschließlich antiquarische Bücher, die zum Teil aufwendig in Leder eingebunden sind und deren Alter und Kostbarkeit man nicht nur sehen und riechen, sondern förmlich greifen kann. Während im hinteren Teil eine antike Druckpresse und ein holzverkleidetes Metascope, ein besonderes Messgerät, ausgestellt sind, hängt in der Mitte des Raumes eine bekannte Designerlampe von der Decke hinab, die nicht nur das Ober-, sondern durch den offen konzipierten Raum auch das Untergeschoss mit Licht versorgt. Das Besondere: Von der entsprechenden Lichtquelle gehen mehrere dünne Metallarme ab, an denen kleine Zettel mit Gedichten und Zitaten in unzähligen Sprachen befestigt sind und die somit gemeinschaftlich einen Lampenschirm für die Leuchte bilden.

Ich sehe englische, französische, italienische, arabische sowie chinesische Texte ... und gleich neben Erich Frieds Gedichtanfang von *Was es ist* auf Deutsch steht auf einem weiteren Zettel folgendes Zitat von Emily Dickinson auf Spanisch:

»Kein Schiff trägt uns besser in ferne Länder als ein Buch.«

Als ich ins Untergeschoss hinabgehe, begegne ich einem Kunden, der tatsächlich ein paar Brocken Englisch spricht und von dem ich erfahre, dass die Librería Astarloa genau das ist, wonach sie aussieht: eine bibliophile Schatzkammer mit vielen seltenen und mitunter schon vergessen geglaubten Titeln. Man vertreibt nicht nur Inkunabeln, alte Handschriften und Kunstwerke, sondern ist auch auf die Restauration von Büchern spezialisiert; außerdem ist Javier Madariaga, der Inhaber, sogar Verleger von baskischer Geschichtsliteratur.

Im Untergeschoss angekommen, scheint es mir fast so, als wenn sich all diese Informationen genau hier widerspiegeln würden: Der quadratisch angelegte Raum ist ringsherum mit Büchern befüllt und mutet aus dieser Perspektive – mit freiem Blick auf die obere Etage – tatsächlich wie eine bibliophile Schatzkammer an.

Und während ich behutsam das Regal entlangschreite und all die mir unbekannten Titel erforsche, muss ich mit einem Mal an Carlos Ruiz Zafóns *Der Schatten des Windes* denken:

Ich fühle mich wie der junge Daniel Sempere, der von seinem Vater eines Tages zum Friedhof der Vergessenen Bücher, einer geheimen Bibliothek, geleitet wird. Und von diesem Ereignis ausgehend entspinnt sich eine wunderbare Geschichte, in der die Literatur allgegenwärtig ist. Es würde mich nicht wundern, wenn Carlos Ruiz Zafón die Inspiration zu diesem Handlungsort gar nicht in Barcelona, sondern just hier, in der Librería Astarloa, gefunden hätte …

Als ich schließlich wieder in den Eingangsbereich zurückkehre und mich von Javier verabschiede, gibt mir dieser ein Lesezeichen und eine Karte der Buchhandlung mit auf den Weg, sodass ich überglücklich und nun vollends berauscht auf den Gehweg hinaustrete.

Vorbei am Regierungspalast, der in einer Villa aus der Jahrhundertwende beheimatet ist, geht es für mich nun die Astarloa Kalea in südliche Richtung entlang, wo auffallend viele Häuserfronten im Rot des Baskenlandes erstrahlen. An den Straßenecken sind die ansonsten einheitlich schwarzen Balkonbalustraden oftmals mit Gold verziert, das prachtvoll in der Sonne funkelt – nur wenige Gehminuten später erreiche ich schließlich die Euskalduna Kalea, in der sich mein nächstes Tagesziel befindet:

Oben Die bibliophile Schatzkammer im hinteren Teil der Buchhandlung: Die Decke ist offen und ermöglicht einen Blick ins Obergschoss; ringsum befinden sich antiquarische Bücher.
Unten Kurz vor Ladenschluss hat Javier, in dessen Librería Cámara das gesamte Viertel einkauft, Zeit für Nachbestellungen.

LIBRERÍA CÁMARA

Die kleine Gasse wirkt insgesamt etwas weniger schmuckvoll als die Straßenzüge, die mich bis zum angrenzenden Universitätsgelände hergeführt haben. Ein Geschäft trotzt diesem Eindruck dabei jedoch gewaltig: Es ist – natürlich – die Librería Cámara.

Zwei große Glastüren, von denen eine wie eine zusammengedrückte Ziehharmonika zur Seite geschoben ist, sind hier in eine Fassade aus Kirschholz eingefasst und, wie man sieht, mit ganz viel Liebe ausgestaltet: Während die Türgriffe der Form von Büchern nachempfunden sind, haben sich auf den Glasflächen Kinder als Künstler betätigen dürfen – und so erstrahlt vor allem die linke Hälfte in den buntesten Farben, wobei das Porträt einer blonden Prinzessin aus allem heraussticht.

Die Kirschholzoptik setzt sich im Eingangsbereich zunächst fort, wo sich auf der linken Seite – direkt hinter der nicht geöffneten Tür – ein kleiner Salon anschließt. Hier ist eine gemütliche Sitzecke eingerichtet, während in der holzvertäfelten Wand dahinter und einem Regal davor handverlesene Bücher in der Frontansicht präsentiert werden.

Auf der rechten Seite führt ein langer Gang in den hinteren Teil der Buchhandlung, in der insgesamt ein reges Treiben herrscht – als würde ich das ganze Viertel hier treffen.

Da der Buchhändler dementsprechend dauerbeschäftigt ist, schreite ich den Gang zunächst langsam ab und lasse die Buchhandlung dabei auf mich wirken.

An Tageszeitungen vorbei schlendere ich zur Literaturabteilung, die auch ein paar ausgewählte Titel auf Deutsch, Englisch und Französisch bereithält. Dann entdecke ich ein Regal mit Titeln aus unabhängigen Verlagen, vor dem wiederum zwei Tische mit entsprechenden Empfehlungen platziert sind. Ich greife nach *Música para feos* von Lorenzo Silva, einer offenbar ungewöhnlichen Liebesgeschichte zwischen einer Journalistin und einem Kriegsveteranen, von deren blassblauem Cover und den dargestellten Figuren eine solch rätselhafte Melancholie ausgeht, dass ich mir augenblicklich wünsche, das Buch lesen zu können.

Da meine Spanischkenntnisse aber noch nicht einmal dafür ausreichen, den Klappentext zuverlässig zu verstehen, lege ich das Buch zurück und stöbere weiter.

An der knallroten Decke, die über die gesamte Länge mit Leuchtstoffröhren ausgestattet ist und diesen Teil der Buchhandlung wie einen farbenfrohen Tunnel anmuten lässt, sind im Bereich des Kassentresens Bücher befestigt, die im ersten Moment den Eindruck erwecken, in der Luft zu schweben.

Seitlich davon schließt sich die Klassikerabteilung ebenso wie die Film- und Fotografieecke an; den Abschluss des Raumes bilden die Regale mit den Koch- und Geschichtsbüchern.

Als ich meinen Blick von hier aus noch einmal durch die gesamte Buchhandlung schweifen lasse, die in jedem Detail so eigenständig und anders ist, bemerke ich die neugierigen Blicke des Buchhändlers, der gerade zum ersten Mal während meines Besuchs keine Kunden berät oder bedient.

Ebenso wie der Inhaber der Librería Astarloa heißt auch er Javier – zu meiner großen Freude spricht dieser Javier jedoch Englisch. Er mag etwas über vierzig sein und ist mir auf Anhieb sympathisch. Als er von meiner Reise hört, kann er kaum fassen, dass es mich auch in seine Buchhandlung verschlagen hat, und besteht sogleich auf einem Erinnerungsfoto.

Anschließend erzählt er mir, dass er die Buchhandlung nun schon in dritter Generation führt und sie bereits seit über achtzig Jahren existiert.

Die Buchhandlung ist der spanischen Initiative der Librerías Independientes angehörig und wurde für das besondere Konzept und umfassende Engagement erst im Vorjahr mit dem Preis »Librería Cultural 2014« ausgezeichnet, der vom spanischen Buchhändlerverband verliehen wird.

Als ich Javier auf die zahlreichen Titel aus unabhängigen Verlagen anspreche, die mir im Sortiment aufgefallen sind, macht sich ein stolzes Lächeln in seinem Gesicht breit.

»Ja, ich liebe diese Bücher«, sagt er, »aber natürlich kommen wir dennoch nicht ohne *diese* Titel aus.«

Javier zeigt auf eine spanische *Shades of Grey*-Ausgabe, die auch hier die Bestsellerliste anführt. Wir müssen beide lachen.

Zuletzt erzählt er mir noch von den zahlreichen Veranstaltungen, die regelmäßig in der Buchhandlung abgehalten werden: Poesie- sowie Schreibworkshops für Jung und Alt, Empfehlungsabende, Lesungen und sogar Konzerte ... Die Librería Cámara hat es sich noch nicht einmal nehmen lassen, ihre ganz eigene Version des Harlem Shakes zu inszenieren, die man noch heute auf YouTube bewundern kann (http://bit.ly/Harlem-Shake-Camara).

Schließlich verabschiede ich mich von Javier und stöbere noch ein wenig im Sortiment der Independientes. Als mir dabei jedoch der Titel *El Club de los Cinco Minutos* in die Hände fällt, dessen Cover ein stilisiertes Ziffernblatt zeigt, auf dem es kurz vor zwölf ist, werte ich dies als dezenten Hinweis auf die fortgeschrittene Uhrzeit und mache mich eiligen Schrittes auf den Weg zur nächsten Buchhandlung meiner Wahl.

Über die Iturriza Kalea gelange ich auf eine breite Straße, die über den Hauptbahnhof hinwegführt und von der einige kleine Seitenstraßen in Richtung des Ría abzweigen.

Ich wähle die zweite Möglichkeit und schlendere die Straße hinab, bis ich sie am gegenüberliegenden Ende endlich erblicke:

ANTI LIBURUDENDA

Die weiß eingerahmte Glasfassade ermöglicht bereits einen ersten Blick in die Buchhandlung, die ich dann auch sogleich betrete. Die gesamte Liburudenda, was dem baskischen Begriff für Buchhandlung entspricht, besteht aus einem einzigen, vielleicht sechzig Quadratmeter großen Raum, der wie ein modernes Studio anmutet. Auch die Wände sind schneeweiß, während die ringsum verlaufenden Regalflächen sowie die Holzdecke in einem hellen Braunton gehalten sind und eine leichte Korkoptik nicht verleugnen können.

In der Mitte der Buchhandlung ist ein großer Tisch aufgebaut, der beinahe die Hälfte des Raumes in Anspruch nimmt und bis auf den letzten Zentimeter mit Büchern bedeckt ist. Der Tisch läuft dabei auf eine großformatige Wandillustration zu, die einen Jules Verne lesenden Hipster-Oktopus zeigt und die einzige regalreie Fläche im gesamten Raum darstellt.

Diese Zeichnung ist jedoch längst nicht die markanteste Eigenheit der Buchhandlung: Abgesehen von dem allgemein sehr freundlich-hellen Ambiente sticht vor allem die Tatsache heraus, dass nahezu alle Titel auf Sicht präsentiert werden – das heißt: dem Kunden mit ihrem Cover zugewandt sind.

Im vorderen rechten Bereich befindet sich eine kleine Ecktheke, hinter der eine Buchhändlerin sitzt und mir zulächelt. Ich stelle mich kurz vor und reiche ihr eine Karte, auf der unter anderem die Facebook-Adresse meines Reiseprojekts genannt wird, während ich mich zugleich dafür entschuldige, so kurz vor Ladenschluss hier aufgeschlagen zu sein.

Die Buchhändlerin nickt verständnisvoll und beginnt, mir ein wenig über die Buchhandlung zu erzählen, etwa dass diese in diesem Jahr ihr zehnjähriges Jubiläum feiert. Während das Viertel, in dem die Buchhandlung beheimatet ist (San Francisco), früher als fast schon gefährlich galt und zeitweise sogar in Verruf geraten war, hat es inzwischen einen Wandel zur multikulturellen, künstlerisch-urbanen Szene erfahren. Bei den drei Gründern handelt es sich passenderweise um Kunstabsolventen, die mit der Eröffnung der Buchhandlung einen Ort für den kulturellen Austausch schaffen wollten und dementsprechend nicht nur Lesungen, sondern auch Vernissagen und Diskussionsrunden veranstalten.

Ich drehe schließlich noch eine kleine Runde und bin überrascht, wie vielfältig das Sortiment trotz der geringen Fläche ausfällt – und das, obwohl die Titel wahrlich nicht platzsparend präsentiert werden: Neben Architektur-, Kunst-, Musik- und Fotografiebüchern sowie der relativ großen Auswahl an Comics und Graphic Novels fällt mir vor allem die schöne Auswahl an Kinderbüchern auf, die durch interessante Buchtitel und außergewöhnliche Illustrationen zu gefallen weiß.

So muss man in *Super Niño* beispielsweise den beiden Protagonisten in ihre Superheldenkostüme helfen und lernt dabei

Das Anti Liburudenda besteht aus nur einem Raum, der hell ausgeleuchtet ist. Fast sämtliche Titel werden in der Frontalansicht präsentiert.

spielerisch erste Vokabeln, während *Cómetelo todo!* die altbekannte Geschichte vom ungeliebten »aufessen müssen« erzählt – und wie es wohl wäre, wenn man als Kind tatsächlich mal *alles* aufessen würde ... Besteck, Schränke und Häuser inklusive. Schön, dass ich es noch zeitig hierhergeschafft habe, denke ich, als ich dieses Buch wieder zurücklege – und sehe, wie mich die Buchhändlerin zu sich herüberwinkt.

Während ich mit der spanischen Kinderbuchlektüre beschäftigt war, hat sie die Zeit offenbar dafür genutzt, um sich die Bilder meiner bisherigen Stationen anzusehen, und präsentiert mir nun mit einem sehnsuchtsvollen Blick einen Vorschlag für ein nächstes Reiseziel.

»Genau dort werde ich schon morgen sein«, erwidere ich freudig.

Als ich später am Flussufer entlangspaziere, nehme ich mir fest vor, mein (Reise-)Glück fortan noch mehr zu schätzen. Im Moment allerdings muss ich mich um einen Schutz vor dem drohenden Regen kümmern, der Himmel hat sich mit einem Mal verdunkelt. Schon auf halber Strecke zum Hauptbahnhof setzt ein gewaltiger Platzregen ein, der mich zu einem Sprint veranlasst. Unter den Baumkronen eines kleinen Parks haben bereits einige Spaziergänger Schutz gesucht, und ich reihe mich ein. Dann mache ich eine wunderbare Entdeckung: Maria. Sie sieht mich zeitgleich und kommt lachend zu mir herüber.

»*Una poltsa*«, sage ich zur Begrüßung und präsentiere ihr voller Stolz die Tüte, die sich noch immer in meinem Rucksack befindet.

Jetzt schenkt sie mir wieder ihr umwerfendes Lächeln, und für eine Weile blicken wir gemeinsam auf den Ría und die dahinterliegende Stadt, während über uns der Regen in den Blättern rauscht.

»Kein schöner Urlaubstag«, setzt Maria entschuldigend auf Englisch an. Und nachdem ich ihr auf Nachfrage erzählt habe, was mich in die Euskadi, ins Baskenland, verschlagen hat, verrät sie mir im Gegenzug, dass sie ursprünglich hatte Literatur studieren wollen. Stattdessen musste sie dann jedoch arbeiten. »Die Wirtschaft«, schiebt sie erklärend nach – und zum ersten Mal schleicht sich eine leise Traurigkeit in ihr Gesicht. Doch im nächsten Moment blitzt sie mich mit ihren tiefdunklen Augen an und ergänzt beinahe etwas trotzig: »Natürlich schreibe ich dennoch.«

Während das Rauschen des Regens langsam nachlässt, schwärmt sie gestenreich von der baskischen Literatur, dann lugt die Sonne hinter den Wolken hervor, und Maria umarmt mich herzlich zum Abschied. Wie ein immer leiser werdendes Echo verschwindet Maria im Aufgang zur Stadt.

Ich mache mich derweil auf den Weg zum Bahnhof, von wo aus ich an meinem neunten Reisetag mit dem Nachtzug über das kleine Örtchen Miranda de Ebro erst einmal nach Portugal weiterfahre. Ich möchte in Südeuropa an der Küste entlangreisen.

Dunkle Bücherregale schmiegen sich an eine Jahrhunderte alte Kirchenfassade: Die Libreria San Ginés ist eine Freiluftbuchhandlung im Herzen Madrids.

An Tag 13 meiner Tour zu den schönsten Buchhandlungen Europas setze ich nach erlebnisreichen Tagen in Portugal meine Erkundungen in Spaniens Landeshauptstadt fort: **Madrid**.

In einer Seitenstraße der Calle Mayor, wo die Sonne die barocken Häuser in goldgelbes Licht taucht, befindet sich mein Hotel für die nächste Nacht. Nicht weit entfernt davon, nahe der Kirche San Ginés sehe ich in der Calle del Arenal die malerisch gelegene Freiluftbuchhandlung:

LIBRERÍA SAN GINÉS

Die Bücherschränke der Buchhandlung unter freiem Himmel schmiegen sich an die Kirchenfassade entlang der Pasadizo de San Ginés, die zur gleichnamigen Chocolatería hinaufführt.

In das alte Backsteingemäuer der Kirche, deren Geschichte bis ins 13. Jahrhundert zurückreicht, sind zwei große, offene Schränke aus dunklem, gebeiztem Holz integriert, die nach oben hin von kleinen Ziegeldächern abgeschlossen werden.

Während sich zwischen den beiden Schränken ein etwa halb so hohes Regal mit weiteren Büchern befindet, schließt sich zur linken Seite ein stilgetreuer Pavillon an.

Über dem Fenster, aus dem mir der Buchhändler zunickt, ist der Name der Buchhandlung ins Holz eingraviert und unterstreicht damit den pittoresk-einladenden Charme, der von diesem Ort ausgeht.

In dem kleinen Hof, der sich vor der Buchhandlung eröffnet, sind ein paar Postkartenständer mit historischen Ansichten Madrids aufgebaut, während sich daneben auf drei Holztischen weitere Buchangebote befinden.

Ich gehe schließlich zu den beiden Schränken hinüber, die sich mit einer Rolljalousie verschließen lassen, und streife mit dem Finger über die ausgestellten Titel, die größtenteils in dunkles Leder eingebunden sind. Bücher und Buchhandlung erscheinen so in gleicher Optik.

Gleich neben einer alten Bibel-Ausgabe finden sich hier Bücher über die spanische Torero-Tradition – und ich frage mich schmunzelnd, ob sich aus dieser Sortierung eine Aussage darüber ableiten lässt, welche Themen die Kunden in erster Linie bewegen und ob die Titel auch schon einmal im Paket verkauft wurden.

Als ich mich dem Buchhändler vorstelle und ihm ein paar Bilder meiner bisherigen Reise zeige, kommt er augenblicklich aus seinem kleinen Pavillon zu mir heraus. Mit einer Pfeife in der Hand, an der er zwischendurch immer wieder mal genüsslich saugt, führt er mich zu einem der Postkartenständer und präsentiert mir eine Karte, auf deren Rückseite erwähnt wird, dass es sich hierbei um die älteste Librería Spaniens handelt.

»Die Buchhandlung gibt es mindestens seit 1805«, sagt er in gebrochenem Englisch, der Stolz darüber ist aber einwandfrei herauszuhören. Als ich etwas später weiterziehen möchte, schenkt er mir zum Andenken eine der Ansichtskarten.

Ich vergleiche Realität und Bild und kann versichern – hier wie da ein ganz und gar außergewöhnlicher Ort.

Über die schräg gegenüberliegende Calle San Martín, in der der Duft von frischem Gebäck, Schokolade und Puderzucker in der Luft liegt, gelange ich auf die Plaza San Martín.

An eine kleine Parkanlage mit blühenden Zypressen schließt sich hier nicht nur ein historisches Kloster, sondern zur linken Seite auch schon mein nächstes Ziel an:

LIBRERÍA BARDÓN

Das graue Eckgebäude, das sich aufgrund der stark ansteigenden Straße scheinbar in Schräglage befindet, ist mit zwei tiefroten Markisen versehen, die sowohl das Schaufenster als auch die Eingangstür überdachen. Darüber steht in großen Lettern »LIBRERÍA PARA BIBLIOFILOS« geschrieben (»Buchhandlung für Bibliophile«), während eine Zeile darunter – etwas kleiner, aber dafür in verschnörkelter Schreibschrift – der Name des Gründers genannt wird: Luis Bardón.

In Kombination mit dem Schaufenster, in dem nur zwei Bücher ohne jegliche Dekoration ausgestellt sind, wirkt die Buchhandlung rein äußerlich eher wie ein Juweliergeschäft. Dieser Eindruck verstärkt sich, als ich die Klingel entdecke, die ich drücken muss, um eingelassen zu werden.

Jetzt bin ich aber wirklich neugierig, und meine Erwartung ist hoch ... Sie wird nicht enttäuscht: Über den roten Teppich, mit dem der Boden der Buchhandlung ausgelegt ist, schreite ich an fünf Meter hohen Regalwänden entlang – bis unter die Decke ist jeder verfügbare Zentimeter mit Büchern ausgefüllt. Selbst die Front des

Empfangstresens, der dem Eingang zugewandt ist, stellt seinerseits ein Bücherregal dar und fügt sich somit nahtlos in die beeindruckende Optik ein, die dieser Buchhandlung eigen ist.

Librería para Bibliofilos schießt es mir unweigerlich in den Kopf, als ich mich langsam um die eigene Achse drehe und mir dabei bewusst wird, aus welchen literarischen Schätzen das Sortiment besteht. In den Regalen finden sich ausnahmslos schmuckvolle Ledereinbände in verschiedenen Farbnuancen, deren Titelaufschriften golden auf den Buchrücken glänzen.

Ich wende mich wieder dem Tresen zu, und die Frau in weißer Bluse dahinter grüßt mich freundlich mit einem *Buenos diás*. Wie sich herausstellt, ist es Alicia Bardón Iglesias, die Enkelin des Gründers, die die Buchhandlung inzwischen leitet.

Sie gibt sich ganz verzückt ob meines Reiseprojekts und nimmt mir damit nicht nur das ungute Gefühl eines ganz und gar unpassenden Aufzugs (mit T-Shirt und Rucksack in *dieser* Buchhandlung), sondern bietet mir auch sofort einen Rundgang durch die Librería an.

Über fünf Treppenstufen gelangen wir in zwei weitere Räume, die zwar nicht ganz so hoch gebaut sind wie der Eingangsbereich, aber deshalb nicht weniger eindrucksvoll anmuten. Im Gegenteil: Von der Decke hängen prunkvolle Kronleuchter, die mit Glaskristallen und -tropfen besetzt sind und ein angenehm warmes Licht verströmen.

Die ringsum versammelten Werke wirken allesamt so kostbar, dass ich mich kaum nach ihnen zu greifen traue und stattdessen lediglich meinen Blick über die Regalwände gleiten lasse: In Leder und Leinen eingebunden, ist eine Vielzahl der Bücher mit einer zusätzlichen Blindprägung ausgestattet – also einer reliefartigen Hervorhebung einzelner Elemente des Einbands –, was sie noch hochwertiger erscheinen lässt.

Alicia erläutert mir, dass die Buchhandlung 1947 gegründet wurde und sich schon sehr bald zu einem *der* Orte für Literaturliebhaber in ganz Spanien entwickelte – vor allem aus antiquarischer Sicht: Luis Bardón war leidenschaftlicher Sammler und Dokumentar, und so verfügte die Librería schnell über einige äußerst seltene Werke der Literaturgeschichte.

»Manchmal soll es gar so weit gegangen sein, dass er die erstandenen Werke gar nicht mehr abgeben wollte«, sagt Alicia und lacht, »... inzwischen kann ich das nachvollziehen.«

Besonders Cervantes habe es ihm dabei angetan, fährt Alicia fort, und so verwundert es wenig, dass die Bardóns noch heute im Besitz einer *Don Quichotte de la Mancha*-Ausgabe aus dem Jahre 1607 sind.

Wie es sich wohl anfühlt, in dieser Buchhandlung zu arbeiten: Die Bücher kommen nicht etwa frisch aus der Druckpresse und sind in Folie eingeschweißt, sondern sind mitunter schon mehrere Hundert Jahre alt. So haben sie auf vielfache Art und Weise ihre eigene Geschichte zu erzählen, die sich nicht ausschließlich zwischen den Buchdeckeln befindet, sondern weit darüber hinaus ...

Zurück im Parterre der Buchhandlung verabschiede ich mich von Alicia, die mir noch eine kleine Chronik schenkt.

Als die Tür hinter mir ins Schloss gefallen ist, meine ich, aus einer ganz eigenen Welt zurück ins Hier und Jetzt gelangt zu sein, ein Gefühl wie nach dem Lesen eines Buches.

Ich gehe noch zögerlich ein paar Schritte, dann halte ich es vor Neugierde nicht aus und zücke mein Handy, um mir einen Eindruck von dem tatsächlichen Wert des Bardón-Sortiments zu verschaffen.

Da ich Alicia nicht mit dieser Frage hatte kränken wollen, fällt nun mein erster Blick auf die *Chronica apostolica* von Espinosa, die aus dem Jahr 1746 stammt. Ihr Verkaufspreis: fünfundzwanzigtausend Euro.

Für einen Moment halte ich inne und kehre in Gedanken noch einmal in die Buchhandlung zurück ... Fünfundzwanzigtausend Euro! Die »Librería para Bibliofilos« ist anscheinend wertvoller als so manche Bank.

Zwischen pastellfarbenen Häusern hindurch schlendere ich bis zur Plaza Santo Domingo und durch eine Gasse auf die Calle Campomanes, die mich gleich an der Straßenecke zu überraschen weiß: An der Fassade eines griechischen Restaurants lehnt eine große Schiefertafel mit einem englischen Zitat, die für mich Werbung und Wegweiser zugleich ist:

»Fernsehen bildet. Immer wenn der Fernseher an ist, gehe ich in ein anderes Zimmer und lese.«

Neben diesen Worten des US-amerikanischen Schauspielers und Komikers Groucho Marx zeigt ein Pfeil in Richtung meines nächsten Ziels:

DESPERATE LITERATURE

Diese Buchhandlung war mir von Danielle bei Shakespeare and Company in Paris empfohlen worden. Und noch während ich auf dem Kopfsteinpflaster der schmalen Einbahnstraße stehe und diesen Ort auf mich wirken lasse, habe ich die leichte Vorahnung, dass Danielles Geheimtipp – tatsächlich – etwas ganz Besonderes sein könnte.

Die Häuser, die entlang der schmalen Gasse emporragen, sind durchweg fünfstöckig und in einem warmen Ockerton gehalten. Während die Fenster in den oberen Etagen mit schmuckvollen Rundbögen und kleinen Dekoreinfassungen abgesetzt sind, schließt sich im Erdgeschoss die Buchhandlung an.

Links sowie rechts der geöffneten Eingangstür sind hölzerne Bücherregale an der Fassade angebracht, die erste Empfehlungen bereithalten und von Roald Dahl über Vladimir Nabokov bis zu Haruki Murakami reichen. Der Türrahmen selbst wird von Topfpflanzen und weiteren handbeschriebenen Schiefertafeln gesäumt, die ebenso einen Hinweis auf die inhaltliche Ausrichtung der Buchhandlung geben wie das große Oberschild, das über dem Eingang hängt: »*Desperate Literature. Brooklyn, Madrid, Barcelona. Libreria International*« steht darauf.

Schreibplatz in der Buchhandlung Desperate Literature: Hier darf jeder Gast ein Gedicht schreiben und in eine kleine Box werfen.

Als ich durch den rundum mit Büchern ausgestatteten Torbogen gehe und die Buchhandlung betrete, scheint es beinahe so, als wäre ich im Wohnzimmer eines Bibliophilen angelangt. Der Raum misst vielleicht vierzig Quadratmeter und ist nicht nur mit Büchern, sondern mit allerhand Accessoires ausgestattet, die für ein fast schon wohnliches Ambiente sorgen: Vor den Regalen finden sich kleine Beistelltische, auf denen nicht nur Leselämpchen und Gesellschaftsspiele aufgebaut sind, sondern auch eine Schreibmaschine, die mit der Aufforderung »*Write The Poem*« zum kreativen Texten einlädt.

In der Mitte des Raumes steht ein Schreibtisch, der Kasse, Info- sowie Empfangstresen zugleich ist, und hinter dem eine junge Frau sitzt, die mich mit einem breiten Lächeln begrüßt.

»Kann ich dir helfen oder möchtest du dich erst einmal umsehen? Wie wäre es mit einem Getränk?«, fragt sie mich.

Charlotte, die Teilinhaberin der Buchhandlung, ruft, nachdem ich mich vorgestellt habe, sogleich auch ihren Partner Terry nach vorn. Wie sich zeigt, haben die beiden selbst schon für Shakespeare and Company in Paris gearbeitet, bevor sie Mitte 2014 Desperate Literature in Madrid eröffneten. Hinter ihrem Unternehmen steht aber zugleich auch ein Zusammenschluss junger, kreativer Buchhändler, die in Brooklyn, New York und Oía/Santorini bereits weitere Läden sehr erfolgreich betreiben (Book Thug Nation, Human Relations und Atlantis Books).

Desperate Literature versteht sich dabei als Gebrauchtbuchhandlung für spanische, englische und französische Literatur, was bei einem englisch-französischen Paar, das in Madrid lebt, beinahe folgerichtig erscheint.

Ich lasse meinen Blick während des Gesprächs immer mal wieder schweifen. Hinter dem Schreibtisch schließt sich ein Einzelregal mit besonderen, seltenen Büchern an, zu denen unter anderem *Al faro* von Virginia Woolf zählt, während die Wand über dem Regal von einem ganz besonderen Zitat geschmückt wird. Es entstammt Roberto Bolaños Roman *Die wilden Detektive* und ist nicht nur für den Namen der Buchhandlung verantwortlich, sondern auch für einen Großteil des Ordnungsprinzips. So gibt es tatsächlich einen entsprechenden Regalabschnitt, der mit »*For when you're happy*«

Beliebte Flaniermeile: Die Cuesta de Moyano ist ganztägig gut besucht. Vor allem die Präsentationstische laden zum Stöbern ein.

überschrieben ist – überhaupt ist in dieser Buchhandlung alles mit ganz viel Liebe zum Detail *und* zur Literatur hergerichtet.

So sind die Regalschilder nicht nur allesamt von Hand verfasst, sondern zusätzlich auch mit eigens angefertigten Illustrationen ausgestattet – und wenn man Charlotte und Terry im Kundengespräch erlebt, wie ich nach unserer kleinen Unterhaltung, spürt man einfach, dass Desperate Literature für sie viel mehr als ein Job ist, es entspricht ihrer Leidenschaft.

Als ich die beiden nach einem Literatursouvenir frage, empfehlen sie mir eine druckfrische Eigenpublikation: *Solución/ The Solution* von Emilia Pardo Bazán, eine zweisprachige Kurzgeschichte, die in Madrid spielt und deren Cover dem Stadtplan der Landeshauptstadt nachempfunden ist.

Mit diesem Einkauf verabschiede ich mich von Charlotte und Terry und trete auf die Straße hinaus, wo alsbald ein leichter Nieselregen einsetzt. Schwere, dunkle Wolken verwandeln den feinen Regen nur wenige Augenblicke später in einen kräftigen Platzregen. Auf Höhe der Plaza Espana blitzt es dann gewaltig, und plötzlich fallen sogar Hagelkörner. Der große Platz rund um das hiesige Opernhaus Teatro Real scheint sich von einer Sekunde auf die andere in einen See zu verwandeln. Überall sieht man Menschen vor dem Regen in Richtung der angrenzenden Hausvorsprünge flüchten. Völlig durchnässt erreiche ich an diesem Tag mein Hotel.

Am nächsten Morgen wache ich mit leicht erhöhter Temperatur auf, was mich von meinem ursprünglichen Plan abbringt, die letzte Buchhandlung meines Madrid-Aufenthalts in einem ausgedehnten Spaziergang anzusteuern. Stattdessen nehme ich die U-Bahn.

Nachdem mich die öffentlichen Verkehrsmittel wieder in die Sommerhitze entlassen haben, ziehe ich mit meinem Gepäck am anthropologischen Museum vorbei und die Calle de Alfonso XII. hinauf. Die Mühe zahlt sich aus: Nach etwa dreihundert Metern, die sich an diesem Vormittag wie drei Kilometer anfühlen, geht die Allee in einen kleinen Kreisverkehr und eine breite Fußgängerzone über – und diese ist die Heimat von dreißig (!) Buchhandlungen.

Zwischen Zypressen und Palmen stehen die einzelnen Verkaufshäuschen von:

CUESTA DE MOYANO

Jedes der kleinen Häuser ist in Hellblau angestrichen und verfügt über eine gelbe Markise als Sonnenschutz für Verkäufer, Kunden und natürlich für die Bücher. Vor den Häuschen sind noch einmal sonnenbeschirmte Tische aufgebaut – auf denen weitere Auslagen präsentiert werden –, die sich wie an einer Perlenschnur aufgereiht bis ans untere Ende der Straße ziehen. Die Stände sind dabei nicht nur durchnummeriert, sondern tragen auch alle einen eigenen Namen. Die Buchhandlung, die sich hier oben als Erstes an die Statue von Claudio Moyano anschließt, hat beispielsweise die Nummer 30 und ist auf der frei stehenden Seite mit »*Feria de libros*« beschriftet – das Ganze versteht sich also als eine Art Buchmesse unter freiem Himmel.

Dabei werden augenscheinlich in erster Linie günstige Gebrauchtbücher verkauft, die so ziemlich alle Genres und Themen umfassen: Gleich der erste Stand bietet nicht nur Comics, Kinderbücher sowie Sach- und Fachbücher an, sondern hält auch ein breites Angebot an Romanen bereit, das von E. L. James (*Shades of Grey*) über Anne Perry bis hin zu Umberto Eco reicht. Gerade als ich nach *Cien años de soledad* greife (*Hundert Jahre Einsamkeit*), das die Geschichte einer kolumbianischen Familie erzählt und wofür sein Autor Gabriel Garcia Márquez einst mit dem Nobelpreis für Literatur ausgezeichnet wurde, entdecke ich den zugehörigen Buchhändler.

Ebenso wie sein Nachbar Castrillo ist er auffallend schick gekleidet: Er trägt eine beige Anzughose, die Bundfalten schlägt, als wäre sie erst vor wenigen Sekunden gebügelt worden, sowie ein rosafarbenes, langärmeliges Hemd – ganz so, als ob die Hitze für ihn keinerlei Bedeutung habe.

Ich erfahre, dass diese Bücherstraße, die es seit beinahe einhundert Jahren gibt, eine echte Institution innerhalb Spaniens ist.

»Was die Bouquinisten für Paris sind, das sind wir für Madrid«, sagt der Buchhändler und lächelt dabei so versonnen, als wäre ihm soeben die Idee gekommen, aus diesem Satz eine Postkarte zu machen. Dann führt er den Gedanken weiter aus: »Die Lage ist einfach einmalig. Hier gibt's die Parks, und auch der Bahnhof ist nicht weit entfernt, deshalb kommen sowohl Spanier als auch zahlreiche Touristen.«

Und tatsächlich: Neben Spaziergängern, die langsam an den Ständen entlangschlendern und zwischendurch immer mal wieder stehen bleiben, um sich ein Buch genauer anzuschauen, nutzen auch viele Fahrradfahrer sowie Inlineskater diesen Abschnitt, um ihr Tempo deutlich zu verlangsamen und einen Blick in die Auslagen zu werfen.

»Vor allem an den Sommerwochenenden ist hier sehr viel los. Der nahe gelegene Retiro-Park ist der Lieblingsplatz vieler Madrilenen – und wenn uns dann auch noch Bands besuchen, die hier auf dem Platz spielen …« Er deutet die Cuesta de Moyano hinunter – und als mein Blick seiner Bewegung in Richtung der belebten Stände folgt, verstehe ich, worauf er hinauswill: Die Straße ist – tatsächlich – ein kleines Wunder. Fernab von sonstigen Einkaufsmöglichkeiten findet sich hier eine Art Boulevard der Literatur, und das in einer Umgebung, die man sich schöner nicht hätte ausdenken können. Mitten im Grün lädt die Cuesta de Moyano zum entspannten Stöbern ein, wobei nicht nur die Lage, sondern auch die gänzlich unaufgeregten Buchhändler zu der Wohlfühlatmosphäre beitragen.

Nachdem ich die Bücherstraße, die am unteren Ende mit einer Statue des baskischen Schriftstellers Pío Baroja abschließt, komplett erkundet habe, verbringe ich die weitere Mittagszeit im Retiro-Park, wo ich mich am Fuße des Estanque-Sees niederlasse und höchstens mal den Kopf hebe, um die Paddelboote zu beobachten, die gemächlich auf dem in der Sonne glitzernden Gewässer treiben.

Am späten Nachmittag fahre ich dann vom Bahnhof Madrid Atocha in Richtung Katalonien und erreiche nach etwas mehr als drei Stunden den Bahnhof Barcelona-Sants, der vom nächtlichen Lichtermeer der Stadt umgeben ist.

Ich fahre jedoch sofort weiter zum wohl letzten Hotelzimmer in **Barcelona**, das noch verfügbar war. Ich brauche dringend eine ordentliche Mütze Schlaf.

Als ich am nächsten Morgen aufwache, stelle ich zufrieden fest, dass mir die beiden etwas ruhigeren Tage gutgetan haben: Ich fühle mich wieder deutlich frischer und starte dementsprechend munter in den Tag. Ohne Trolley, den ich bis zum Nachmittag im Hotel einlagern durfte, schlendere ich die Avinguda Diagonal bis zu einem großen Kreisverkehr hinab, in dessen Mitte ein Obelisk emporragt. Schon am Vormittag macht sich eine ungeheure Hitze in der Stadt breit, die wie ein zäher Sirup in den tiefen

Häuserschluchten hängt und selbst vor den unterirdischen Metrostationen keinen Halt macht.

Am Hauptbahnhof kaufe ich schon einmal ein Ticket für die spätere Weiterfahrt, allerdings kann ich nur eine Alternativroute buchen, die mir der Bahnangestellte aufzeichnet. Auch wenn sich mir dieser Plan nicht bis ins letzte Detail erschließt, buche ich die Verbindung und nehme vorsichtshalber auch die Skizze des Masterplans an mich.

Anschließend fahre ich mit der Metro wieder in die Stadt hinaus, wo meine Fahrt an der Plaça de Catalunya endet.

Inmitten des hektischen Treibens und der hohen angrenzenden Geschäftshäuser, entdecke ich kleinere Plätze wie heimliche Ruheinseln in der Stadt. Auf einem posieren Straßenkünstler, und ich verweile ein wenig.

Nur zwei Querstraßen weiter, auf der Gran Via de les Corts Catalanes, komme ich zu meinem nächsten Buchhandlungsziel:

ALTAÏR LIBRERÍA

Direkt gegenüber dem Kolosseum, einem imposanten Bau, dessen stuck- und zum Teil glasverzierte Fassade in der Mittagssonne strahlt, wirkt die Buchhandlung, die im Erdgeschoss eines rostbraunen mehrstöckigen Gebäudes beheimatet ist, eher unscheinbar – immerhin so unscheinbar, dass ich beim ersten Anlauf glatt am Eingangsbereich vorbeilaufe.

Die Fassade ist im Bereich der Balkone und Fensterrahmen zwar ebenfalls mit schmuckvollen Pilastern versehen, diese kommen auf der Schattenseite der Gran Via aber kaum zur Geltung.

Zwei Torbögen, die mit dem Namen der Librería überschrieben sind, führen zum überdachten Schaufensterbereich. Die Bücherpräsentationen neben dem Eingang vermitteln einen ersten Eindruck davon, wofür Altaïr steht: reisen und die Welt entdecken. Während das rechte Schaufenster Reiseführer und Land- sowie Wanderkarten zeigt, findet sich *über* dem linken Schaufenster eine illustrierte Weltkarte, die in die Fassade integriert ist. Bei den darunter ausgestellten Titeln handelt es sich größtenteils um Romane, auf denen kleine Notizzettel angebracht sind, die auf den jeweiligen Handlungsort hinweisen.

Der Eingang in die Buchhandlung nimmt einen sodann mit auf eine kleine Reise, denn auf den Boden sind die Umrisse verschiedener Länder gezeichnet. Während der Deckenbereich kaum ausgeleuchtet ist, werfen die im Abstand von ungefähr zwei Metern an den Regalwänden hochkant angebrachten Leuchtstoffröhren ihr Licht auf den dunkelroten Fußboden und führen einen so über Deutschland und Frankreich nach Spanien, was in etwa meiner eigenen Anreise entspricht und mich somit leise schmunzeln lässt.

Eine große Pinnwand, auf der Reisende mit handgeschriebenen Inseraten Mitreisende suchen, lässt mich im Eingangsbereich noch einmal stoppen: Carla will nach Kambodscha, während sich Felipe auf ein Inselhopping in Asien freut. Welche Geschichten und Personen wohl hinter diesen Plänen stehen? Und wie viele Freundschaften Altaïr auf diese Weise schon begründet hat?

Begeistert von diesem Gedanken gehe ich nun aber den Gang weiter und kann dabei einige ausgewählte Romane sowie Reiseberichte und Bildbände entdecken.

Im Bereich des gelben Informationstresens am Ende des Gangs öffnet sich dieser zu einem breiten Raum, in dessen Mitte Glasvitrinen platziert sind. Darin finden sich kleine Skulpturen, Masken, Panflöten, Ketten und Ringe aus aller Herren Länder, die zum Verkauf angeboten werden. Auf den Vitrinen sind wiederum beleuchtete Globen ausgestellt, die alles wie mit einem maritimen Anstrich in einem leuchtenden Blau erstrahlen lassen.

»Schön, dass du hier bist«, sagt die Buchhändlerin, der ich mich vorstelle, und sie führt mich zuerst ins Untergeschoss, in dem sich das hauseigene Café sowie die Abteilungen mit Reiseliteratur über Afrika und Asien befinden.

Während wir an den Regalen entlangschlendern, erzählt sie mir, dass es die Buchhandlung bereits seit 35 Jahren in Barcelona gibt. Der aktuelle Standort, der erst kürzlich bezogen wurde, zeichnet Altaïr nun als größte Reisebuchhandlung Europas aus.

Altaïr ist aber nicht nur eine Buchhandlung, sondern versteht sich als kultureller Treffpunkt. Auch aus diesem Grund gibt es unzählige Veranstaltungen pro Jahr, die im Untergeschoss stattfinden – zumeist in Form von Diavorträgen.

Zusätzlich betreibt Altaïr ein Reisebüro namens Orixa und veröffentlicht eine eigene Zeitschrift sowie Bücher zum Thema Reisen.

Als wir schließlich wieder im Eingangsbereich angelangt sind, wo unter anderem auch eine Altaïr-Reihe mit Reisechroniken ausgestellt wird, endet die Buchhändlerin mit ihrem Vortrag: »Insgesamt führen wir rund sechzigtausend Titel, aber ein Reisebericht über die schönsten Buchhandlungen der Welt ist mir dabei noch nicht begegnet. Vielleicht ändert sich das ja mal ...«, sagt sie lächelnd.

»Wer weiß«, erwidere ich und reiche ihr zum Abschied die Hand, während ich mir in Gedanken ausmale, eines Tages einen Diavortrag im Erdgeschoss zu halten: *Around the World in 100 Bookshops*.

Ich kehre schließlich auf die Gran Via zurück, auf der ich mir in einem Mobilfunkladen eine Prepaid-Karte mit zusätzlichem EU-Datenvolumen kaufe, bevor es weiter in Richtung Süden geht.

Über die Carrer de Balmes führt mein Weg durch schmale Häuserschluchten, die von kleinen Cafés und Supermärkten gesäumt werden. Als die Gasse schließlich in einen begrünten Hof übergeht, habe ich die nächste Buchhandlung auf meinem Reiseplan erreicht:

LA CENTRAL DEL RAVAL

Die Buchhandlung ist in einem ehemaligen Kirchengebäude beheimatet. Über der verglasten Eingangstür ist in das graue, leicht verwitterte Backsteingemäuer ein spanisches Wappen eingelassen, das von zwei Engelfiguren gehalten wird.

In diesen Raum kann man durch eine Plexiglasscheibe blicken, die in den Boden des Erdgeschosses eingelassen ist. Foto-, Kunst- und weitere Sachbücher laden zum Schmökern ein.

Neben der Tür steht der Name der Gnadenkirche auf einem Schild – *Iglesia Nuestra Señora de la Misericordia* –, während auf der anderen Seite eine knallrote Plexiglastafel mit dem Namen der Buchhandlung den einzigen Farbfleck auf der gesamten Front bildet.

Gleich der erste Raum wirkt nicht nur immens groß vor, sondern erstrahlt – ganz im Gegensatz zu meiner ursprünglichen Erwartung – in einem hellen, überaus modernen Look.

Die Wände sind, ebenso wie die hohe Gewölbedecke, durchgängig weiß gehalten und im unmittelbaren Eingangsbereich ringsum mit weißen Holzlatten vertäfelt, an die kleine Regalböden angebracht sind. Hier finden sich zunächst Souvenirs mit Barcelona-Bezug, Poster, Tassen, Taschen, Kissen und Spardosen, bevor eine Auswahl an Kinderbüchern sowie hauseigene Empfehlungen folgen, denen eine ganze Wand eingeräumt wird.

Gegenüberliegend ist die Kasse, an die sich nicht nur der Durchgang zur großen Belletristikabteilung anschließt, sondern auch ein offen gestalteter Aufgang ins Obergeschoss, in das man so vom Eingangsbereich hinaufblicken kann.

Die obere Etage hat schwarze Regalwände, in denen sich Sach- sowie Reisebücher befinden, die von unzähligen Spots – gleich unterhalb des Deckengewölbes an einem überdimensionalen Metallrahmen befestigt – perfekt in Szene gesetzt werden. Von hier führen abermals ein paar Stufen zu einer weiteren offenen Ebene hinauf, die leicht oberhalb als Mezzanine einzogen ist und sich direkt über dem holzvertäfelten Eingangsbereich befindet.

Dieser Bereich stellt nicht nur die Philosophieabteilung dar, sondern ermöglicht zugleich einen Ausblick auf die außergewöhnliche Gesamtarchitektur, die sich sowohl klassisch als auch modern gibt, und es mir sehr angetan hat.

Umso mehr verwundert es mich, dass La Central del Raval noch nie in einer jener Listen aufgetaucht ist, die im Internet kursieren und die schönsten beziehungsweise außergewöhnlichsten Buchhandlungen der Welt versammeln.

Zurück im Erdgeschoss stelle ich mich vor und werde von Joan, einem charismatischen älteren Buchhändler mit einer dunklen Brille, durch die weiteren Abteilungen geführt, die ebenfalls durch ihr besonderes Interieur bestechen.

So schließt sich an die Klassiker- und Poesieabteilung ein großer Raum mit Theater-, Film- und Fotografiebüchern an, in dessen dunklen Eichenboden ein großes Glasfenster eingelassen ist, das einen freien Blick in das Untergeschoss ermöglicht.

Der hintere Teil der Buchhandlung, vielleicht ein ehemaliges Seitenschiff der Kirche, beherbergt die Kinderbuchabteilung, in die nicht nur eine Spielecke integriert ist, sondern die auch über beschreibbare Tafelwände sowie ein Panoramafenster mit Aussicht auf den Palmengarten im Hof verfügt.

Während ein kleines Mädchen gerade von dem Tiermobile in der Spielecke ablässt und dafür die Schiefertafel mit Blumen bemalt, trete ich mit Joan ans Fenster. »Vor allem für Kinder finden hier viele Veranstaltungen statt«, sagt er und deutet hinaus, »... teilweise auch als Gartenparty.«

Ich versuche, mir vorzustellen, wie sich der ruhige Garten in einen tosenden, mit Girlanden geschmückten Kinderspielplatz verwandelt, bevor ich ihn schließlich darauf anspreche, wie beeindruckend die Architektur hier ist.

»Ja«, setzt Joan an, »die Buchhandlung gibt es nun schon seit 2003. Wir haben versucht, die besondere Stimmung dieser ehemaligen Kirche nicht nur beizubehalten, sondern sie aktiv für uns zu nutzen und die klassischen Elemente zu betonen.«

Nachdem ich noch erfahre, dass die erste Buchhandlung der La-Central-Kette 1996 eröffnete (ebenfalls in Barcelona) und es heute insgesamt sechs davon gibt, verabschiede ich mich. Auf dem Weg nach draußen entdecke ich auf einem der Empfehlungstische noch *La otra vida de Rachel*, die spanische Ausgabe von Dani Atkins' *Die Achse meiner Welt*. Ich greife nach dem Buch, das mit seinem rötlichen Cover so ganz anders aussieht als jener Titel, den ich im vergangenen Sommer gelesen habe, doch der Klappentext liefert mir ausreichend Stichworte, um davon überzeugt zu werden, dass zumindest der Inhalt identisch ist: Eine ungewöhnliche und unvorhersehbare Liebesgeschichte, von der ich selbst nicht erwartet hätte, dass sie mir so sehr gefallen könnte.

Während meiner beiden Buchhandlungsbesuche an diesem Tag hat mich jedes Zeitgefühl verlassen, und als ich kaum zwei Stunden später mit gepacktem Trolley in den TGV steige, freue ich mich auf die Weiterfahrt und die Aussicht auf die vorbeirauschende Landschaft, in die sich gewiss viele schöne Bilder und Erlebnisse vom heutigen Tag schmuggeln werden.

... SCHON GELESEN?

Lesenswertes spanischer Autoren:
Der Club Dumas, Arturo Pérez-Reverte
Das Schweigen des Sammlers, Jaume Cabré
Mein Herz so weiß, Javier Marías
Der Schatten des Windes, Carlos Ruiz Zafón

Die Kathedrale der Bücher, ein weißes Fahrrad mit Flügeln und Zitroneneis am Tejo

6. Kapitel

PORTUGAL

Ganz für mich: Als die Buchhandlung schließt, habe ich die Livraria Lello e Irmão für mich alleine.

In **Porto**, der zweitgrößten Stadt Portugals, begrüßt mich nach einer anstrengenden Nachtfahrt mit dem Zug immerhin die wärmende Morgensonne. Da ich erst in zwei Stunden im Hotel einchecken kann, entschließe ich mich zu einem Spaziergang ins drei Kilometer entfernte Stadtzentrum.

Nach einem steilen Abstieg in Richtung São Bento, quäle ich mich mit meinem Gepäck anschließend die Rua dos Clérigos und die Rua das Carmelitas hinauf, die mindestens 15 Prozent Steigung aufweisen und mir nicht nur der Hitze und des schweren Gepäcks, sondern vor allem der Müdigkeit wegen *alles* abverlangen. Als ich dann jedoch das letzte Stück Steigung überwunden habe und auf der Kuppe angelangt bin, meine ich zu träumen. Vor mir in der Fußgängerzone liegt das nächste Buchhandlungsziel, das zu meiner eigenen Überraschung just in diesem Moment seine Türen öffnet:

LIVRARIA LELLO E IRMÃO

Ich sehe, wie unzählige Menschen, die gerade noch eine lange Warteschlange gebildet haben, um Punkt elf Uhr in das Innere der Buchhandlung Livraria Lello e Irmão eingelassen werden. Nachdem ich erfahren habe, dass die Buchhandlung bis neunzehn Uhr geöffnet bleibt, beschließe ich, kurz das Hotel aufzusuchen, um mein Gepäck abzustellen sowie eine Dusche zu nehmen.

Von Weitem sehe ich schon den Ziergiebel der Livraria Lello e Irmão, der das zweigeschossige Jugendstilgebäude mit der verspielten neogotischen Fassade in Beige und Hellgrau überragt. An die sechs Sprossenfenster mit ihren keinen Fensterflächen im ersten Obergeschoss schließt sich zu beiden Seiten je ein Wandgemälde des Künstlers José Bielmann an. Die porträtierten Figuren stehen im übertragenen Sinn für die Wissenschaft und die Kunst – und damit auch für all das, was Literatur ist und sein kann. Unter dem goldenen Schriftzug LELLO E IRMÃO, unter dem auch der ursprüngliche Name der Buchhandlung geschrieben steht,

Livraria Chardron, befindet sich die Schaufensterfront und der ebenfalls gläserne Eingangsbereich. Die schmale Fassade allein kommt mir schon wie ein einziges Kunstwerk vor.

Als ich dann die Eingangsschwelle überschreite, fällt auch die letzte Müdigkeit nach der anstrengenden Nachtfahrt von mir ab: Im Gegensatz zum grellen Sonnenlicht der Straße ist die Beleuchtung in der Buchhandlung ausgesprochen diffus. In Kombination mit den hölzernen Regalwänden, die in einem edlen Ton zwischen Mahagoni und Padouk gehalten sind, sorgt genau das für eine warme und geradezu verstörend schöne Atmosphäre.

Dazu trägt fraglos auch die große Wendeltreppe bei, die sich in der Mitte der Buchhandlung anschließt und von dort aus in Richtung Obergeschoss aufschwingt. Dabei bilden die roten Treppenstufen etwa auf halber Etagenhöhe eine kleine Empore, auf der die Besucher im Sekundentakt stehen bleiben und sich ungläubig umblicken, bevor sie weiter nach oben gehen.

Während ich ebenfalls die Treppe hinaufsteige, muss ich immer wieder zu dem Dach aus Buntglas schauen, das in die Decke im Obergeschoss eingelassen ist und in dessen Mitte das Monogramm der Buchhandlung prangt. Ich schreite staunend an den gemütlichen Sitzecken für die Besucher vorbei und auch an der kleinen Bar, die zum Verweilen einlädt. Ich schlendere durch die linguistische und historische Abteilung und auf die andere Seite hinüber, von wo aus ich dem fast schon touristischen Treiben in der Buchhandlung für eine Weile zuschaue. Die Buchhändler arbeiten nicht nur im andauernden Blitzlichtgewitter, sondern werden mitunter sogar darum gebeten, Erinnerungsfotos von frisch verliebten Pärchen oder Einzelreisenden zu machen.

Ich spreche einen der Buchhändler im Obergeschoss darauf an und erfahre von ihm, dass die Buchhandlung, die inzwischen in der fünften Familiengeneration von José Manuel Lello geführt wird, immer schon ein beliebtes Ziel für Besucher aus aller Welt war. Seitdem die Livraria Lello in den letzten Jahren aber sowohl zur »Schönsten Buchhandlung der Welt« (Guardian) als auch zur »Schönsten Buchhandlung Europas« (Lonely Planet) gekürt wurde, hat sich die Besucherzahl noch deutlich vergrößert.

»Und dann wäre da noch die Sache mit Harry Potter«, sagt er schmunzelnd und fährt sich dabei mit einem Finger über die wirren, dunklen Augenbrauen, die so gar nicht zu seinem akkurat gekämmten Haar passen wollen.

»J. K. Rowling hat Anfang der Neunzigerjahre in Porto gelebt und Englisch unterrichtet«, setzt er an, »und es heißt, dass sie sich hier zum *Harry-Potter*-Roman hat inspirieren lassen.«

Als ich ihn frage, ob dieses Gerücht der Wahrheit entspricht, zuckt er lachend mit den Schultern: »Das wird wohl nur J. K. Rowling wissen. Inzwischen kursieren immer mehr Gerüchte in dieser Richtung. Die Treppe aus Hogwarts sei der unseren nachempfunden, und selbst die Hogwarts-Uniformen erinnern entfernt an die Capas Pretas unserer hiesigen Universität.«

Als ich ihm abschließend von meinem Reiseprojekt erzähle und mich danach erkundige, ob es eventuell sinnvoller wäre, morgen früh Fotos zu machen, winkt er amüsiert ab: »Auf gar keinen Fall! Dass wir nun auch sonntags geöffnet haben, hat sich noch nicht überall herumgesprochen. Morgen früh ist hier aber die Hölle los.«

Erneut staune ich nicht schlecht: Obwohl ich mich nun schon so lange in der Buchhandlung aufhalte, ist mir noch nicht ein Foto gelungen, auf dem mehr Bücher als Menschen zu sehen gewesen wären, und doch soll dies scheinbar nur die Ruhe vor dem morgigen Sturm sein. Ich lege mich also wie ein Paparazzo auf die Lauer und warte auf den einen (menschenleeren) Moment, der mich begeistert den Auslöser drücken lässt, doch je näher wir uns dem Feierabend nähern, desto fahriger werde ich.

Als um kurz vor neunzehn Uhr schließlich die Kunden in Richtung des Ausgangs gebeten werden, scheint der Buchhändler mir bereits anzusehen, dass meine fotografische Erfolgsquote im Nullbereich liegt. Er zwinkert mir freundlich zu und sagt: »*Take your time, sir.*«

Für ein paar Minuten, die kostbarer kaum sein könnten, habe ich nun sowohl das Obergeschoss als auch das Untergeschoss nur für mich und darf Fotos dieser atemberaubend schönen Buchhandlungskulisse machen, die ohne Publikum noch einmal betörender wirkt. Jetzt nur nichts verwackeln, ermahne ich mich und hoffe ein wenig darauf, dass sich das unbändige Glücksgefühl, das sich gerade mit rasender Geschwindigkeit in mir ausbreitet, mir auch ein besonders ruhiges Händchen beschert. Und tatsächlich: Die Fotos gelingen, und ich bedanke mich bei der jungen Buchhändlerin, die mich zum Ausgang geleitet, für diese einmalige Möglichkeit.

... SCHON GEWUSST? DAS TICKET ZUM GLÜCK

Nachdem der Touristenanteil in der Livraria Lello e Irmão in den vergangenen Jahren exorbitant zugenommen hatte und in keinem Verhältnis mehr zum Umsatz stand, führte die »Kathedrale der Bücher«, wie sie von einigen Besuchern liebevoll genannt wird, im Spätsommer 2015 eine drastische Neuerung ein: Ab sofort nahm man drei Euro Eintritt, die jedoch mit dem Kauf von Büchern oder sonstigen Produkten verrechnet werden können.

Für Stammkunden ist die sogenannte Cartão Amigo erhältlich, die pro Jahr mit zehn Euro zu Buche schlägt, im Gegenzug aber unbegrenzten und warteschlangenfreien Zutritt gewährt.

Das Konzept scheint sich für alle Seiten zu bewähren.

Am nächsten Tag, gegen neunzehn Uhr, erreiche ich die portugiesische Hauptstadt: **Lissabon**.

Gleich als ich das türkisblaue Bahnhofsgebäude Santa Apolónia verlasse, das zufrieden in der warmen Abendsonne daliegt, ist es um mich geschehen: Während auf der einen Seite der Fluss Tejo an den Bahnhof angrenzt, steigt die Stadt auf der anderen Seite in mehreren Stufen eine Hügellandschaft empor, auf denen sich Terrakottahäuser auftürmen. Wie könnte man diese Stadt nicht auf Anhieb ins Herz schließen?

Die spontane Schwärmerei wird jedoch gleich bei der ersten Erkundungstour – ich laufe zu Fuß zum drei Kilometer entfernten Hotel – auf eine harte Probe gestellt. Nur ein Lissabon-Anfänger wählt mit Gepäck den Weg durch die schmalen und verwinkelten Gassen, die sich gleich gegenüber dem Bahnhof anschließen und mit einigen besonders kräftezehrenden Anstiegen, Sackgassen und Klippen aufwarten.

Über das holprige Kopfsteinpflaster ächze ich mit meinem Trolley den Hügel hinauf, werde dabei aber alle paar Hundert Meter für die Mühen entschädigt, wenn sich irgendwo wieder ein Blick auf den Tejo auftut.

Zwanzig Minuten später erreiche ich schließlich mein Hotel, das sich – der Lage zum Trotz – als echter Glücksgriff erweist: Die Eigentümer haben das Gebäude gerade von Grund auf sanieren lassen und kleine Apartments eingezogen, zu deren ersten Gästen ich mich nun zählen darf.

Bevor ich mit der U-Bahn zurück in die Innenstadt fahre, gönne ich mir hier zunächst Erholung und Erfrischung.

Am Rossio-Platz, in dessen Mitte sich ein alles überragendes Monument von König Pedro IV. befindet, steige ich später aus und passiere auf dem Weg in südwestliche Richtung die belebten Cafés. Über eine schmale Seitenstraße gelange ich schließlich auf die Rua Garrett, auf der mein erstes Lissabon-Ziel gleich neben einer zitronengelben Basilika auf mich wartet:

LIVRARIA BERTRAND

Während die Fassade des fünfstöckigen Eckhauses auf allen anderen Etagen mit blau-weißen Azulejos verkleidet ist, setzt sich das Erdgeschoss, in dem sich die Buchhandlung befindet, mit seinem schweren Grau davon ab. Die Tür sowie die großen Schaufenster sind in edle Kirschholzrahmen eingefasst, dazwischen präsentieren kleine Glasvitrinen in der Fassade ausgewählte Bücher mit Regionalbezug. Schräg über der Eingangstür ist ein stilisiertes Buch mit dem Bertrand-Logo an der Häuserfront angebracht, unter dem ich hindurchgehe und ins Innere gelange. Auf der linken Seite wird in einer schmuckvollen Vitrine eine Urkunde der Guinness-Redaktion präsentiert, wonach die Livraria Bertrand, 1732 gegründet, die älteste, noch immer in Betrieb befindliche Buchhandlung der Welt ist. Hinter der Vitrine schließt sich der große Eingangsbereich der Buchhandlung an, der einen gediegenen Eindruck macht und die edle Kirschholzoptik der Schaufensterfront in Form von antiken Regalwänden fortführt. Genau genommen handelt es sich dabei jedoch gar nicht um Regale, sondern vielmehr um massive Vitrinenschränke, in denen die meisten Bücher auf Sicht präsentiert werden oder gar in kleinen Kästchen ausgestellt sind. In die Bestsellervitrine ist außerdem eine Wanduhr eingelassen – und direkt davor sind drei Empfehlungstische aufgereiht, zu deren Seiten sich verchromte Leitern an die Vitrinen anschmiegen.

Der gesamte Raum ist nur indirekt beleuchtet, mit ein Grund, warum hier alles Ruhe und Wärme ausstrahlt: Die Spots sind allesamt auf die leicht ausgewölbte Decke ausgerichtet, wodurch die umlaufenden Präsentationsflächen vollständig für sich sprechen. Die schlichte, aber sehr wirkungsvolle Gestaltungsform setzt sich auch im nächsten Raum fort, in den ein kunstvoller Torbogen hineinführt, und wo ich einen Buchhändler entdecke, der gerade Kochbücher einräumt. Ich stelle mich sowie mein Reiseprojekt vor und werde von dem jungen Mann auf eine kleine Tour durch das Geschäft eingeladen. Über die Fach- und Sachbücher, fremdsprachige Literatur und eine Musikabteilung gelangen wir schließlich zu den Kinder- und Jugendbüchern. Von hier aus kann man durch die Torbögen bis in den Empfangsbereich hindurchgucken. Während wir durch die Räume schlendern, erfahre ich, dass die Livraria Bertrand zwar im Jahre 1732 eröffnet wurde, aber 1755 einem verheerenden Erdbeben zum Opfer fiel – wie beinahe die ganze Stadt. Diese Naturkatastrophe gilt bis heute als eine der schlimmsten in Europa. Anschließend wurde der Geschäftsbetrieb an der heutigen Adresse fortgeführt, wobei die Livraria Bertrand inzwischen eine große portugiesische Buchhandelskette mit über fünfzig Filialen ist und ehemals sogar der Bertelsmann-Tochter DirectGroup zugehörig war. Die Buchhandlung in der Rua Garrett ist und bleibt dabei aber natürlich die bekannteste Anlaufstelle und wurde 2013 nicht nur zur besten Buchhandlung Lissabons gewählt, sondern im Vorjahr auch rundum restauriert.

Als der junge Buchhändler mit seinem kleinen Vortrag schließt, bedanke ich mich für die zahlreichen Informationen und gehe in Richtung des Eingangsbereiches zurück, wo ich ein letztes Mal durch das Sortiment stöbere. In einer kleinen Vitrine auf der Längsseite entdecke ich einen ganz besonderen Bildband, den ich direkt aus der Vitrine hebe: *Bibliotecas* von Libório Manuel Silva. Über einhundert Fotos und entsprechende Informationen zu den 21 schönsten Bibliotheken sind darin versammelt, wobei sich diese Auswahl ausschließlich auf Portugal konzentriert.

Ich blättere mich vorsichtig durch den schön bebilderten Prachtband – und während ich die großformatigen Aufnahmen bewundere, schießt mir die Frage in den Kopf, wie sich wohl meine eigene Reise in Buchform machen würde …

In der Altstadt, deren Häuserfassaden im Bereich der Fußgängerzone am Abend von Lichtinstallationen ausgeleuchtet werden, sitzen die Leute an den Tischen vor den Cafés, Bars und Restaurants – nichts deutet darauf hin, dass es eine *Montagnacht* ist. Ich bummle weiter die Straße hinauf und komme schließlich vor dem Kaffeehaus A Brasileira zum Stehen.

Im unmittelbaren Außenbereich des Cafés finden sich hier nicht nur Gastronomiemöbel, sondern auch eine lebensgroße Bronzestatue des portugiesischen Schriftstellers Fernando Pessoa, der hier Stammkunde gewesen sein soll. Direkt gegenüber hat eine fünfköpfige Band ihr Equipment aufgebaut und fängt – die U-Bahnstation Baixa-Chiado im Rücken – gerade zu musizieren an.

Schon nach wenigen Takten haben die beiden Gitarristen, der Schlagzeuger, der Trommler und die Sängerin eine kleine Menschenmenge um sich geschart, die fortan immer größer wird und auch die aussteigenden U-Bahn-Gäste fasziniert anhalten lässt. Als die Sängerin eine junge Touristengruppe zum Tanz auffordert, verselbstständigt sich das Ganze schließlich völlig: Auf die erste tanzende Gruppe folgt eine zweite – und irgendwann scheint die Hälfte des Platzes aus einer einzigen wogenden und gut gelaunten Masse zu bestehen. Ich mache ein Video davon und lasse mich noch ein wenig mittreiben, bevor es zurück zum Apartment geht, wo ich um kurz nach Mitternacht ins Bett falle.

Am nächsten Morgen, es ist der zwölfte Tag meiner Reise, erklimme ich das verwinkelte Gassenviertel, das sich hinter dem Hauptbahnhof befindet, geradezu leichtfüßig ohne das überflüssige Gepäck.

Während zahlreiche weitere Touristen, die vornehmlich aus Innenstadtrichtung in das Viertel strömen, die Kathedrale des Patriarchats von Lissabon ansteuern, die aus dem 12. Jahrhundert stammt, geht es für mich noch wenige Meter weiter die Straße hinauf, wo die Rua do Barão im Schatten der Kathedrale gelegen ist.

Direkt an der Straßenecke befindet sich mein nächstes Reiseziel in einem fünfstöckigen Haus:

Oben Kurze Die älteste Buchhandlung der Welt, die Livraria Bertrand, verströmt bereits in der Außenansicht eine außergewöhnliche Atmosphäre.
Unten Ein Blick aus dem hinteren Teil des Obergeschosses der Livraria Ler Devagar: Gegenüber der langgezogenenen Regalwand schließt sich ein kleines Café an; darüber schwebt eine weitere Erfindung von Pietro Proserpio.

FÁBULA URBIS

Livraria-Galeria-Editora

Über dem Eingang, einer schmalen, Glastür mit dunkelgrünem Rahmen, ist eine cremefarbene Markise heruntergelassen, auf die der Name der Buchhandlung aufgedruckt ist.

Gleich daneben ist ein Banner an die Fassade angebracht, auf dem abermals Fábula Urbis geschrieben steht – diesmal jedoch in Verbindung mit der Silhouette zweier Raben sowie der Entsprechung des Begriffs »Livraria« in gleich sechs weiteren Sprachen. Ich betrete die Buchhandlung und erblicke sogleich John, von dem ich weiß, dass er die Geschäfte gemeinsam mit seiner Frau Carmo leitet. Nachdem ich mich ihm vorgestellt habe, erklärt er mir das Konzept der Buchhandlung, das sich ziemlich schnell und einfach auf den Punkt bringen lässt: In der Fábula Urbis dreht sich alles um Lissabon.

John, der ungefähr Mitte fünfzig ist und ein charakteristisches D'Artagnan-Bärtchen trägt, ist im Hauptberuf Historiker und war dementsprechend schon immer damit beschäftigt, die Geschichte der portugiesischen Hauptstadt zu erforschen – und so kam irgendwann eines zum anderen.

Die Livraria, 2007 eröffnet, befindet sich im Prinzip ausschließlich im Erdgeschoss, das circa viertausend Titel beherbergt. Das Besondere an dieser Buchhandlung hat nichts mit der Einrichtung oder der Optik zu tun, sondern geht schlichtweg von dem Sortiment aus. Neben portugiesischen Titeln aus den Bereichen Belletristik, Kinderbuch, Musik und Architektur, die allesamt von Lissabon handeln oder einen persönlichen Bezug dazu haben, werden fremdsprachige Titel aus und über Lissabon angeboten. Dem populären Autor Fernando Pessoa, in Lissabon geboren und gestorben, werden dabei große Sonderflächen zuteil.

Die Idee von John und seiner Frau Carmo geht jedoch noch viel weiter: Mit der Fábula Urbis wollen sie einen stetigen Austausch auf allen Kulturebenen erreichen und zugleich eine Plattform für lokale Künstler schaffen.

Einen ungefähren Eindruck davon erhalte ich, als ich die Treppe hinaufgehe, die sich der Musikabteilung anschließt. Im Obergeschoss finden sich zwei weitere Räume, zum einen ein größeres Café mit Klavierecke, das auch für Veranstaltungen genutzt wird. Die Wände schmücken Originalkunstwerke von Künstlern aus Lissabon, die zugleich zum Kauf angeboten werden. Für vierhundertfünfzig Euro kann man beispielsweise das abstrakte Ölgemälde »Viagem« von Isabel Bomba kaufen, auf dem ich ein Schiff zu erkennen glaube. Das andere, etwas kleinere Zimmer, ist ein Musikraum, in dem geprobt oder unterrichtet werden kann.

Ich gehe schließlich wieder ins Erdgeschoss hinunter und schaue mich noch einmal in der Buchhandlung um.

Mein Blick fällt zunächst auf den Raben, der als Dekoelement auf dem Schreibtisch steht, woraufhin John zum ersten Mal auflacht und sich seine Augen zu kleinen Schlitzen verformen. Er versucht, meiner Frage vorzugreifen, und sagt: »Ja, der Rabe ist nicht jedermanns Sache. In unserer Stadtgeschichte spielt er jedoch eine große Rolle und gilt seit Jahrhunderten als Glücksbringer. Und natürlich kommt dann auch diese Buchhandlung nicht ohne Raben aus.«

Als ich mich nochmals dem deutschsprachigen Regal zuwende, bemerke ich, dass neben dem allgegenwärtigen Fernando Pessoa auch einige Titel von José Saramago vorrätig sind, was mich augenblicklich daran erinnert, dass ich noch immer nicht *Die Stadt der Blinden* gelesen habe.

Auf das Buch, das inzwischen sogar schon verfilmt wurde und von einer rätselhaften Epidemie an Erblindungen handelt, bin ich vor vielen Jahren aufmerksam geworden und habe es mir schließlich gekauft, als es sogar in Harenbergs *Buch der 1000 Bücher* empfohlen wurde. Sobald ich zurück bin, lese ich es, denke ich – und freue mich, dass ich auf solch unverhofft schöne Weise an die ausstehende Lektüre dieses Literaturschwergewichts erinnert wurde.

Ich danke John zum Abschied also gleich doppelt und verlasse die Fábula Urbis just in dem Moment, als eine der für Lissabon urtypischen Straßenbahnen vorbeisummt.

Aus nur einem sonnengelb-weißen Waggon bestehend, gleitet die historisch anmutende Bahn gemächlich die Schienen in Richtung Kathedrale hinab. Als sie um die Ecke biegt und ich nur noch auf das terrakottagelbe Meer an Häusern hinabblicke, das ruhig und zufrieden in der Sonne liegt, bekomme ich plötzlich Lust auf ein Zitroneneis.

Unten an der Küste gönne ich mir genau solch ein Eis und spaziere mit Blick auf den Triumphbogen Arco da Rua Augusta die Uferpromenade am Tejo entlang.

Nur 15 Minuten dauert die Fahrt nach Alcântara, einem etwas außerhalb gelegenen Stadtteil Lissabons.

Von den Gleisen führt eine weitläufige Bahnhofsunterführung, die mit ihren farbenfrohen Graffiti-Kunstwerken wie eine Kunstausstellung anmutet, auf die Hauptstraße hinaus.

Ich gelange schließlich in ein Viertel, das nicht nur von der Ponte 25 de Abril überthront wird – der zweitlängsten Hängebrücke der Welt, die auf die andere Seite des Tejo hinüberführt –, sondern auch die LX Factory beheimatet.

Durch einen Torbogen trete ich auf das Gelände der ehemaligen Textilfabrik, in der nun Werbeagenturen, Restaurants sowie kleine Kunstgalerien ansässig sind. Zur linken Seite schließt sich eine kleine Seitenstraße an, in der sich der Grund meines Kommens befindet:

... SCHON GEWUSST? LITERATUR AUF RÄDERN

In Lissabon gibt es nicht nur die älteste Buchhandlung der Welt, sondern auch eine der außergewöhnlichsten: Tell a Story.

Dabei handelt es sich um eine fahrende Buchhandlung, die sich zum Ziel gesetzt hat, die Vielfalt der portugiesischen Literatur auch Fremdsprachlern nahezubringen.

Dafür fahren Domingos Cruz und Francisco Antolin mit einem azurblauen Renault Estafette aus den Fünfzigerjahren durch Lissabon und machen an touristischen Hotspots halt, wo sich der Kleinbus mit herausnehmbaren Regalwänden vollends in eine Buchhandlung verwandelt. Neben bekannten Autorinnen und Autoren haben die beiden Buchhändler auch immer ein paar Geheimtipps parat.

Leider war der Bus just während meines Lissabon-Aufenthalts nicht auf Tour, sodass ich Domingos nur vom Telefon und per E-Mail kenne.

Weitere Informationen:
www.tellastory.pt

LIVRARIA LER DEVAGAR

In einem grauen, länglichen Betongebäude sind zwei Glasschwingtüren in einem markant-roten Rahmen eingefasst.

Über dem Eingangsbereich ist eine efeubewachsene Markise angebracht, von der zwei kleine Lianen herunterhängen, die sanft im Wind schwingen. Der äußerst schlichte Eindruck der Fassade steht dabei in völligem Gegensatz zu dem, was mich erwartet, als ich die Livraria betrete: Die Buchhandlung besteht aus einem riesigen Raum, der mindestens fünfzig Meter lang und 15 Meter hoch und bis zur Decke mit Büchern angefüllt ist.

Im vorderen Bereich sind Längstische aufgebaut, die ausgewählte Krimis, Regionaltitel und Bildbände präsentieren. Daran schließt sich zur einen Seite eine Bar mit Sitzecke an, während auf der anderen Seite ein langer Kassentresen eingezogen ist, hinter dem sich gerade eine ältere Buchhändlerin an einigen Paketen zu schaffen macht. Bei den schnellen Bewegungen scheinen ihre grau melierten, schulterlangen Haare mit ihrem schwarzen Blütenkleid um die Wette fliegen zu wollen.

Genau *dieses* Bild scheint der Buchhandlung grundsätzlich eigen zu sein: Über allem schwebt nämlich – im wahrsten Sinne des Wortes – ein weißes Fahrrad, das zwei Flügel hat und über dem Eingangsbereich aufgespannt ist. Auf dem Rad sitzt eine Frau mit wehendem Schal, die aus weißen Sperrholzplatten gefertigt wurde. Ein kleiner Motor sorgt dafür, dass ihre Beine kreisrunde Bewegungen auf den Pedalen vollführen.

Unter den Klängen von klassischer Musik, die die gesamte Buchhandlung erfüllen, bewegen sich zusätzlich auch die Flügel des Fahrrads im Takt dieser ganz eigenen und wunderbaren Kulisse.

Ich gehe zu der Buchhändlerin hinüber, stelle mich kurz vor und frage nach João, mit dem ich im Vorfeld der Reise schon kurz geschrieben habe.

»Leider ist João heute erst am späten Abend da.« Die Buchhändlerin schiebt ihre Brille entschuldigend den Nasenrücken hinauf und ruft einen jungen Kollegen herbei, der mir anschließend eine kleine Tour durch die Buchhandlung gewährt.

Wir gehen die Treppe in die obere, offen gestaltete Etage hinauf, deren hintere Wand sowohl in voller Länge als auch in kompletter Höhe einer durchgängigen Regalfläche entspricht: sechs bis sieben Meter hoch, fünfzig Meter lang ... Ein unglaubliches Bild!

Mit Blick auf eine große Maschine, die sich ungefähr in der Mitte des Raumes befindet, berichtet der Buchhändler, dass es sich bei dem Gebäude um eine ehemalige Druckerei aus dem 19. Jahrhundert handelt.

Während sich auf der rechten Seite eine Musikabteilung anschließt, ist in die Buchhandelsfläche zur linken Seite ein kleines Café integriert. Wir gehen hinüber und lehnen uns an die Balustrade, von der wir nach unten blicken.

Ich erfahre noch, dass sich die Buchhandlung an Sonntagen nicht nur in einen Kunst- und Antiquitätenmarkt verwandelt, sondern hier fast täglich ausgewählte Veranstaltungen stattfinden: Lesungen, Konzerte, Workshops, Ausstellungen …

»Ausstellungen!« Bei diesem Wort fasst sich der junge Buchhändler an den Kopf: »Beinahe hätte ich es vergessen.«

Im Obergeschoss befindet sich eine Dauerausstellung für die sich Pietro Proserpio verantwortlich zeichnet, von dem auch das fliegende Fahrrad stammt. Wir werfen also noch einen Blick auf das Weltenteleskop und die Zeitmaschine, bevor ich mich verabschiede.

Vor meiner Weiterreise lasse ich den wunderbaren Tag noch einmal Revue passieren. Ich habe mich inzwischen in einen wahren Rausch gereist – und mit einem Mal kommt mir einer dieser Postkartensprüche in den Sinn, der in diesem Moment treffender denn je erscheint: »*Great things never come from comfort zones.*«

… SCHON GELESEN?

Empfehlenswertes portugiesischer Autoren:
Das Haus der glücklichen Alten, Valter Hugo Mãe
Der Doppelgänger, José Saramago
Das Buch der Unruhe des Hilfsbuchhalters Bernardo Soares, Fernando Pessoa
Ein besonderes Buch, das in Portugal spielt:
Nachtzug nach Lissabon, Pascal Mercier

Wo es Buchhändler für einen Tag gibt und Bücher auch mal Gondel fahren

7. Kapitel

ITALIEN

Die Libreria Acqua Alta lässt sich auch über Seiteneingänge betreten. Auch hier sind die Bücher meterhoch aufgetürmt.

In **Mailand** liegt das Bergfest meiner Reise bereits hinter mir, trotzdem finde ich es erstaunlich, wie selten ich an mein Leben in Aachen denke. Als wäre es das Selbstverständlichste auf der Welt, alle paar Tage das Land zu wechseln und jeden Tag möglichst viele Buchhandlungen kennenzulernen. Und in ebensolcher Selbstverständlichkeit bummle ich den schmalen Corso Garibaldi entlang und an pittoresken Cafés sowie einer Kirche vorbei, bevor mich hinter einer kreuzenden Hauptstraße die Porta Garibaldi erwartet. Das alte Stadttor, das wie ein Triumphbogen anmutet, führt geradewegs auf den Corso Como, der deutlich breiter angelegt ist als der Corso Garibaldi und in jeglicher Hinsicht auch deutlich nobler wirkt. Während der Mittelteil der Straße abwechselnd von sonnenbeschirmten Café-Terrassen, Springbrunnen und Kunstskulpturen gesäumt wird, dienen die beiden äußeren Teile als Fußgängerpassage. Die pastellfarbenen Häuserfassaden, die sich ringsum anschließen, erstrahlen so makellos schön in der Sonne, als würden sie täglich mindestens einmal nachgebessert werden, ebenerdig finden sich Cafés, Bars, Restaurants sowie edle Boutiquen.

Das Gebäude mit der Hausnummer 10 ist in einem etwas helleren Pastellton gehalten als die übrigen Häuser – dafür ist die Fassade mit ihren graublau gerahmten Fenstern und Fensterläden fast vollständig efeubehangen. In der Mitte findet sich ein Tor, über dem eine Mosaiktafel angebracht ist:

10 CORSO COMO

Der Durchgang führt in einen vollständig begrünten Innenhof, in dem ein Gartencafé beheimatet ist, das den Lärm und die Hektik einer Großstadt nicht zu kennen scheint. Hier befindet sich auch das Hinterhaus mit der Buchhandlung in der ersten Etage. Ich staune nicht schlecht, als sich vor mir ein einziger großer Raum eröffnet, der einen gewissen Loftcharakter nicht verhehlen kann und insgesamt mehr wie eine Kunstausstellung wirkt. Der Fußboden besteht aus hellgrauem Granit, während die Wände und die Decke mit ihren Holzbalken vollständig weiß gehalten sind. Aber das alles wirkt weder steril noch kühl, was wohl vor allem an den goldenen Lamellenvorhängen vor den Fenstern und am warmen orangefarbenen Licht der zahlreichen Rundleuchten und der indirekten Beleuchtung in der hinteren Wand liegt.

Die einzelnen Abteilungen, die durch ornamentverzierte Paravents voneinander getrennt werden, präsentieren ihre Titel auf Designertischen sowie Kuben und umfassen neben Kunst-, Architektur-, Fotografie- und Designbüchern auch diverse Sachliteratur. *Face to Face: Interviews with Artists* ist da zum Beispiel auf einem Tisch ausgestellt – ein Buch des britischen Kunstkritikers und Kurators Richard Cork, der bereits mit 18 Jahren Pablo Picasso traf und hier seine eindrucksvollsten Begegnungen und Gespräche versammelt.

Darüber hinaus gibt es auch zahlreiche Kunstobjekte und Produkte aus der hauseigenen Corso-Como-Kollektion zu erstehen.

Der Buchhändler – passend zum Ambiente ganz in Weiß gekleidet und mit seinem kurz geschorenen Haar und dem markanten Lächeln ein Typ wie der belgische Singer-Songwriter Milow – erzählt mir, dass Corso Como auf eine Idee der Galeristin Carla Sozzani zurückgeht.

1990 eröffnete die Italienerin, die unter anderem schon mit Man Ray, Helmut Newton und David LaChapelle zusammenarbeitete, an dieser Stelle zunächst eine Galerie in einer umgebauten Garage. Nach und nach kamen dann weitere Bereiche wie der Mode- und Designladen, die Buchhandlung, das Gartencafé und ein kleines Hotel hinzu – außerdem gibt es in Asien inzwischen schon mehrere Ableger dieses Konzepts.

»Und das hier ist der Künstler hinter Corso Como«, deutet der Buchhändler auf einen schwarzen Bildband des Amerikaners Kris Ruhs. »Er hat nicht nur das Logo entworfen, sondern auch all die Bilder, die sich hier finden.«

Ich blättere mich durch eine Fächermappe mit Illustrationen, bevor ich noch einmal nachhake: »Nur um das richtig zu verstehen: All das war ursprünglich eine Garage?«

»Genau«, sagt der Buchhändler lachend, »... unglaublich, ich weiß.«

Nachdem ich meine E-Mail-Adresse hinterlassen habe, um eine Info zu erhalten, sobald die Corso-Como-Chronik wieder lieferbar ist, verlasse ich die Buchhandlung – und während ich das Treppenhaus in Richtung Erdgeschoss hinabsteige, denke ich, die helle Ornamentoptik betrachtend, an die Ausmalbücher von Johanna Basford. Wer weiß, vielleicht folgt auf *Mein verzauberter Garten* ja schon bald *Meine italienische Buchhandlung*.

Später mache ich mich auf den Weg hinaus nach Porta Romana. Von der zweispurigen Hauptstraße, die fast etwas verschlafen wirkt, gelange ich auf die Viale Monte Nero mit ihrem begrünten Mittelstreifen. In dem Hinterhaus eines hohen Eckgebäudes, das im Erdgeschoss rundherum aus Glas besteht, was wie eine zu niedrig angelegte Aussichtsplattform aussieht, befindet sich der Eingang, der mich zu meinem nächsten Ziel führt:

OPEN MILANO – MORE THAN BOOKS

Eine geöffnete Tür führt ins Treppenhaus. Davor ist eine große, dunkelgraue Fußmatte ausgelegt, auf der in gelber Druckschrift *#STAY OPEN* geschrieben steht. Dabei handelt es sich nicht nur um eine Aufforderung der Buchhandlung, stets offen für Neues zu sein, sondern auch um eine Anspielung auf die nebenstehenden Öffnungszeiten – die Libreria Open Milano hat nämlich tatsächlich von montags bis sonntags zwischen zehn und zweiundzwanzig Uhr geöffnet.

Im Treppenhaus ist bereits softe Lounge-Musik zu hören, die aus dem Obergeschoss herunterdringt. Und passend zur Musik besteht die Buchhandlung aus einem einzigen großen Raum, der wie ein Designerloft ausgestaltet ist.

Während die hohe, dunkelgraue Decke aus rohem Beton besteht und mehrere Schienen mit Halogenspots trägt, die die frei im Raum stehenden Bücherregale ausleuchten, erstrahlen die Wände in einem satten Orange. Die Regale haben fast

Oben 10 Corso Como besteht aus einem offenen, hell ausgeleuchteten Raum, in dem die Bücher wie Kunstwerke wirken.
Unten Das Sortiment in der Konzept-Buchhandlung Open Milano ist überraschend vielfältig: Im vorderen Teil gibt es Reiseliteratur, Graphic Novels und Comics.

durchgängig keine Rückwand, was den offenen Charakter der Buchhandlung nochmals verstärkt. Ganz links schließt sich eine Tischebene an die umlaufende Fensterfront an, wo Barhocker einen schönen Blick auf die begrünte Straße ermöglichen.

Auch zwischen den deckenhohen Regalen stehen immer wieder kleine Rundtische, Stehleuchten und gemütliche Lesesofas.

Neben der Eingangstür, am Informations- und Kassentresen, stelle ich mich einem jungen Mann vor, der mir auf Deutsch antwortet: »Oh, guten Tag. Willkommen im Open Milano.« Lachend streicht er sich den schräg geschnittenen Pony aus der Stirn. »Meine Oma kommt aus Hildesheim«, fährt er fort und reagiert damit auf meine offensichtliche Verwunderung.

Er führt mich zu einem der kleinen Rundtische, wo er sich mit einem etwa 45-jährigen Mann, der ein weißes Poloshirt trägt und über ein MacBook gebeugt ist, auf Italienisch austauscht.

Ich blicke derweil nach rechts, wo der Raum auf Höhe einer integrierten Bistroküche zur Seite abgeht. Auf dem Café-Tresen werden Smoothies und verschiedene Kuchensorten angeboten, dahinter scheint der eigentliche Küchenbereich zu sein, der mit der Hinweistafel »*More than taste*« überschrieben ist.

Mein Blick schweift weiter zu den Bücherregalen, in denen Romane und Sachbücher präsentiert werden, und zu einem Tisch, der wie das Herzstück der Buchhandlung erscheint: ein kirschbaumfarbener Tisch von rund zwanzig Metern Länge, über dem mehrere kunstvoll gestaltete Origami-Lampenschirme in unterschiedlichen Farben und Längen hängen.

»*Un communal table*«, sagt der Mann im weißen Poloshirt, der eben noch vor seinem Computer saß und sich mir nun als Andrea, ein Kogründer der Buchhandlung, vorstellt.

Er lädt mich zu einem Rundgang ein, auf dem er mir zunächst drei Konferenzräume zeigt sowie einen Raum, der Coworkern die Möglichkeit bietet, einen günstigen Arbeitsplatz anzumieten und gleichzeitig mit anderen Geschäftsleuten ins Gespräch zu kommen.

»*It's all open*«, sagt Andrea, als wir wieder in der Buchhandlung angelangt sind. »Unsere Idee war es, eine etwas andere Buchhandlung zu schaffen. Wir möchten den Austausch fördern – deshalb auch der große Tisch und die offene Gestaltung.

Ein Wohlfühlort, der verschiedene Bereiche abdeckt: Bücher, Lese- und Arbeitsplätze, neue Kontaktmöglichkeiten, das Café ... und nicht zu vergessen: Informationen.«

Ich sehe Andrea fragend an, der mit einem Zeigefinger amüsiert seine Rundbrille auf dem Nasenrücken zurechtrückt.

»Wir bieten unseren Kunden freies WLAN an und eine Vielzahl an digitalen Zeitschriften und Büchern, die man anlesen und bei Gefallen direkt downloaden kann.«

»Überhaupt ist hier alles auf Gemeinschaft ausgelegt: So gab es Ende 2013, im Vorfeld unserer Eröffnung, eine Crowdfunding-Kampagne, durch die man unser Konzept unterstützen konnte und die über dreißigtausend Euro einbrachte. Auch für die Einrichtung von Open Milano sind wir eine Kooperation eingegangen: Alle Möbel stammen von Lago, und man kann sie direkt kaufen.« Andrea deutet auf einen geöffneten Retrokühlschrank, in dem englischsprachige Bücher ausgestellt sind. Die Plexiglastafel darüber, die ich unweigerlich betrachte, weist auf das nächste Treffen von Amy's English Bookclub hin.

»Stimmt«, fährt Andrea fort, »auch das gehört zu unserer Gemeinschaft. Es gibt hier nicht nur Lesungen oder Konzerte, sondern auch viele Treffen von Leseklubs und Bloggern, denen wir hier ein passendes Ambiente mit viel Platz bieten können.«

»Unglaublich«, entgegne ich beeindruckt, »ihr seid also nicht nur eine Buchhandlung, sondern in gewisser Weise auch eine Buchcommunity, oder?«

»Ja, offline *und* online«, macht sich ob dieser Erkenntnis ein stolzes Lächeln in Andreas Gesicht breit.

»Eine wirklich tolle Idee«, sage ich und reiche ihm zum Abschied die Hand, »ich wünsche euch alles Gute!«

Gegen 22.15 Uhr fährt der Intercity in **Pisa** ein, und ein kurzer Spaziergang durch das nächtliche Pisa bringt mich ins nahe gelegene Hotel.

Am nächsten Morgen gelange ich durch schmale Gassen, meist Einbahnstraßen, zum Vittorio-Platz, an den sich nicht nur eine kleine Kirchkapelle anschmiegt, sondern der auch an den Corso Italia anschließt. Die belebte Fußgängerzone führt durch die historische Altstadt und ist zugleich die Haupteinkaufsstraße des südlichen Pisas. Dabei erscheint das Stadtbild ausgesprochen harmonisch: Die angrenzenden Häuser sind allesamt dreistöckig und verströmen mit ihren grünen und roten Fensterläden, die sich wunderbar von den gelb-orangenen Fassaden absetzen, den pittoresken Charme einer klassisch schönen Altstadt Italiens.

Nach wenigen Hundert Metern und einigen Cafés, Eisdielen und Modegeschäften schließt sich in einem exakt solchen Haus dann auch mein nächstes Reiseziel an:

LA FELTRINELLI LIBRERIE PISA

Ich erlebe eine regelrechte Buchhandelsvilla, die kleinen Räume nehmen mich sofort für sie ein: An den gut fünf Meter hohen Wänden, die von einer stuckverzierten Gewölbedecke abgeschlossen werden, reichen die Bücherregale aus hellem Holz bis etwa zur Hälfte hinauf. Darüber schließen sich bunte Gemälde sowie nach oben ausgerichtete Wandstrahler an, die für eine indirekte Beleuchtung sorgen. Zwei hohe Türbögen aus Naturstein verbinden die beiden Eingangsbereiche mit einem größeren Saal, von dem noch einmal ein schmaler Raum abgeht, darin ist die Sach- und Fachbuchabteilung untergebracht.

Ich streife langsam durch die gesamte Buchhandlung und bleibe schließlich bei den Bestsellern, Neuerscheinungen, Komödien und Reisegeschichten stehen. Ein Roman fällt mir sofort ins Auge: *Non dirmi che hai paura*, die italienische Originalausgabe von Giuseppe Catozzellas *Sag nicht, dass du Angst hast*. Ich greife nach dem Buch mit dem türkisfarbenen Cover, auf dem ein gelber Schmetterling abgebildet ist, und stelle fest, dass der Titel sogar bei Feltrinelli, dem angeschlossenen Verlag, erschienen ist. Vor gut einem Jahr habe ich die deutschsprachige Ausgabe gelesen und anschließend mit dem Autor in einem losen E-Mail-Kontakt gestanden, weil die Geschichte, die er in diesem Buch erzählt, so unglaublich erschütternd und gerade heute aktueller denn je ist.

Es ist die Geschichte der jungen Samia aus Somalia, die 2008 an den Olympischen Spielen teilnimmt und anschließend alles in der vom Bürgerkrieg zerstörten Heimat verliert. Alles bis auf ihre Träume, die sie letztlich zu einer dramatischen Flucht über das Mittelmeer Richtung Lampedusa bewegen …

»*Un buon libro*«, holt es mich plötzlich aus meinen Gedanken zurück. Neben mir steht eine junge Frau mit dunkelbraunen, lockigen Haaren und mindestens ebenso tiefdunklen Augen, deren Blick ich kaum standhalten kann; es ist eine Feltrinelli-Buchhändlerin.

»*Sì*«, schöpfe ich meinen aktiven Italienischwortschatz mit nur einem Wort zu gleich fünfzig Prozent aus und nutze die Gelegenheit, um mich vorzustellen.

Von der Buchhändlerin erfahre ich, dass es Feltrinelli schon seit den Fünfzigerjahren in Pisa gibt, wobei der aktuelle Standort erst seit gut 25 Jahren Heimat der Buchhandlung ist.

»Wenn du etwas wirklich Schönes sehen willst, dann schau dir *das* an«, deutet sie anschließend auf einen Durchgang im hinteren Teil des Saals, über dessen Schwelle gerade ein kleines, ganz in Rosa gekleidetes Mädchen mit einem Kinderbuch, das beinahe größer ist als es selbst, entschwindet. Der Durchgang führt in einen Innenhof, in dem ein riesiger weißer Bücherpavillon aufgebaut ist. Ein Netz aus unzähligen Ästen, Blüten und Blättern bildet das Dach des Pavillons, durch das vereinzelte Sonnenstrahlen dringen. Unter diesem grünen Dach sitzt ein sehr alter Mann auf einer Holzbank und liest dem Mädchen in rosa Kleid und Hut vor. Seine Stimme hebt und senkt sich, und bei jeder Seite, die er umblättert, klatscht das Mädchen begeistert in die Hände, während seine Locken wie kleine Sprungfedern unter seinem Hut hin und her schnellen. Für einen Moment bin ich ganz und gar in diese schöne Szene versunken, die mir auch nach dem Verabschieden von der Buchhändlerin und diesem wundervollen Ort einfach nicht mehr aus dem Kopf gehen will.

Pisa ohne seinen Schiefen Turm gesehen zu haben, das geht natürlich nicht. Der Platz mit dem Wahrzeichen kommt mir dann

Das Dach des Pavillons ist in der Mitte geöffnet und wird von einem Netz aus Ästen und Blättern abgelöst, durch das einzelne Sonnenstrahlen in den Hof fallen.

jedoch eher wie ein Freiluftfotostudio vor, wobei die meisten Besucher – ohne Selfiestick – eine Position einnehmen, die den Eindruck vermittelt, als würden sie die schiefe Sehenswürdigkeit mit einer Hand stützen. Während ich meine eigenen Schnappschüsse lachend betrachte, schlendere ich Richtung Bahnhof, von hier geht es weiter in Richtung Florenz.

Als ich am Nachmittag an der Stazione di Santa Maria Novella eintreffe, stelle ich schnell fest, was die beiden Toskana-Städte voneinander unterscheidet: Wirkt Pisa in weiten Teilen – vor allem abseits der touristischen Hotspots – beinahe etwas verschlafen, scheint **Florenz** vor Leben und Bewegung zu strotzen. Unweit des Arno-Ufers gelegen, befindet sich sodann meine nächste Anlaufstelle:

TODO MODO

Da der Montag einen halben Ruhetag für die Buchhandlung bedeutet, wird das Rollgitter just in dem Moment hochgezogen, als ich gegen sechzehn Uhr vor dem Eingang aufschlage.

In einem Torbogen in der grauen Steinfassade befindet sich die Eingangstür aus Glas mit einem Holzrahmen, über der auf einem dunkelgrünen Schild »TODO MODO – libri, caffè, teatro« in goldenen Buchstaben steht.

Ich drücke den ebenfalls goldenen Türgriff und trete vorsichtig ein, um mich augenblicklich im Wohnzimmer eines Buchliebhabers wiederzufinden zu glauben. In dem kleinen Raum stehen zu beiden Seiten dunkle Holzvitrinen, die bis an die Decke reichen und in denen selbst in den ausgezogenen Schubladen Bücher ausgestellt werden. In der Mitte des Raumes findet sich ein ebenso dunkler Holztisch, der mit einem Blumenstrauß dekoriert ist und weitere Romane präsentiert, die von italienischen Ausgaben des Gewinners des Deutschen Buchpreises Eugen Ruge bis Jodi Picoult reichen.

Ganz vorn, direkt hinter der Eingangstür, wird ein Schreibtisch dazu genutzt, um Kurzgeschichten sowie Theaterstücke anzubieten, während sich darüber ein längliches Regal mit Bildbänden anschließt.

Dazwischen ist ein italienischer Text auf die weiße Wand gedruckt, der die Herkunft des Namens von Todo Modo zu erklären scheint. Als ich mir einzelne Wörter von meinem Handy übersetzen lasse, ertönt ein »*Can I help you?*« in meinem Rücken. Ein dunkelhaariger Buchhändler mit Vollbart, der ungefähr in meinem Alter sein müsste, nickt mir vom Kassentresen her zu. Es ist Pietro, der Inhaber von Todo Modo.

Ich stelle mich ihm vor und erkläre den Grund für mein Kommen, was Pietro zu einem ungläubigen Staunen veranlasst.

»*No wayyy*!«, ruft er und kann scheinbar kaum glauben, dass seine Buchhandlung auf meiner Agenda gelandet ist.

»Wir haben erst vor knapp einem halben Jahr eröffnet«, fügt er erklärend hinzu, und dabei weicht sein etwas irritierter Blick so langsam einem breiten Lächeln.

Im hinteren Teil der Buchhandlung ist die Uqbar integriert, die ihren Namen einer Erzählung von Jorge Luis Borges zu verdanken hat.

Er berichtet mir, dass der Name der Buchhandlung vom gleichnamigen Roman des sizilianischen Schriftstellers Leonardo Sciascia stammt, und Todo Modo – daran angelehnt – ein Raum für Kultur und den gemeinsamen Austausch sein soll.

Und je mehr ich von der Buchhandlung sehe und über sie erfahre, desto mehr begeistern mich das Konzept und all die wundervollen Details – etwa ein frei stehendes, schmales Regalbrett, dessen Fuß mit der Aufschrift »*Book of the day*« versehen ist.

Fasziniert von dem Nachdruck, mit dem ein Buch empfohlen wird, indem man ihm eine komplette Wand einräumt, gehe ich durch die Tür, hinter der ein Schild in Leuchtschrift »*Uqbar*« verkündet.

Dahinter verbirgt sich nicht nur die nächste literarische Hommage (diesmal an eine Erzählung von Jorge Luis Borges in seinem Titel *Fiktionen* gerichtet), sondern vor allem ein Hinweis auf die gleichnamige Café-Bar, die in die Buchhandlung integriert ist. Neben frischen Speisen sowie Kaffee und Drinks sind hier auch diverse Weine und die passende Literatur ausgestellt.

Im Anschluss an das Café entdecke ich die dritte Themenwelt von Todo Modo: das Theater – in diesem Fall gleichbedeutend mit einem großen Lesesaal, der an den Seiten von langen Regalen gesäumt wird. Während das Buchangebot hier von einer Kinderbuchabteilung über fremdsprachige Literatur bis hin zu Fachbüchern reicht, schließen sich im hinteren Bereich des Raumes holzverkleidete Treppenstufen an, die eine Art Sitztribüne bilden. Dazwischen finden sich, bei hellem Tageslicht, das durch das Glasdach fällt, weitere Sitzmöglichkeiten, die zum Anlesen von besonders interessanten Büchern einladen.

Von Pietro erfahre ich, dass sowohl kleine Konzerte, Lesungen als auch Filmvorführungen, Diashows und Workshops veranstaltet werden. Anschließend berichtet er von Projekten wie »Buchhändler für einen Tag«, bei dem begeisterte Vielleser für einen Tag in die Rolle eines Buchhändlers schlüpfen können. Außerdem erfahre ich das Geheimnis der Markierungen auf den Büchern: Wenn Bücher mit einem blauen Marker ausgestattet sind, bedeutet das, dass es sich um ein Gebrauchtbuch handelt, sind sie hingegen mit einer grünen Markierung versehen, handelt es sich um eine ganz besondere Leseempfehlung des Buchhändlers.

»Ja, neue und gebrauchte Bücher stehen bei uns nebeneinander im Regal«, erläutert Pietro auf meine Nachfrage.

»Teilweise sind sie nur einmal gelesen, weil jeder Buchkäufer die Möglichkeit hat, uns seine Titel für 25 Prozent des Wertes zurück zu verkaufen.«

Ich bin völlig begeistert und muss daran denken, dass ich im Anschluss an meine Buchhändlerausbildung eine ähnliche Idee hatte. Letztendlich habe ich damals aber nicht den Mut besessen, das Konzept umzusetzen, was ich nun – bei einem Besuch von Todo Modo – wirklich bereue.

Mit einer Mischung aus Bewunderung und einem leichten Anflug von Melancholie verabschiede ich mich schließlich von Pietro und ziehe weiter in Richtung Altstadt.

Durch eine schmale Quergasse gelange ich zur Via degli Strozzi, die nicht nur deutlich breiter, sondern *noch* prachtvoller als die vorherigen Straßen erscheint. Die mächtigen Häuserfassaden, in denen sich Edelboutiquen und Juwelierläden befinden, bilden ein bronzefarbenes Spalier, das auf einen großen Torbogen zuführt, hinter dem sich mein nächstes Buchhandlungsziel anschließt:

RED LA FELTRINELLI FIRENZE

Gleich hinter dem Triumphbogen Arcone befindet sich der belebte und weitläufige Platz der Republik, in dessen Mitte sich ein antikes Jahrmarktkarussell gemächlich in der Nachmittagssonne dreht. Hier im Zentrum von Florenz befindet sich auch die Buchhandlung, deren rotes LED-Logo sowie der Name la Feltrinelli RED in weißer Schrift auf rotem Grund über den hohen Eingangstüren aus Glas leuchtet.

Der ruhige Loftcharakter im Inneren der Buchhandlung zieht mich sogleich auf seine Seite: An der circa fünf Meter hohen unverputzten Decke verlaufen silberne Belüftungsrohre. Die Wände sind in Natursteinoptik gehalten und mit großformatigen Zitaten – unter anderem von Dante Alighieri und Cicero – beschrieben, während sich darunter helle und offen gestaltete Holzregalböden anschließen. Die schwarzen Schilder über den Regalflächen informieren in Text und Bild über die Abteilung. So findet sich über der Regionalabteilung nicht nur ein Porträt von Lorenzo de' Medici, der bis zu seinem Tod im 16. Jahrhundert als Oberhaupt von Florenz galt, sondern zudem eine stilisierte Florentiner Lilie.

Zwischen den Abteilungen überspannen hohe Regalbögen im typischen Feltrinelli-Rot den gesamten Raum und präsentieren dabei ausgewählte Neuheiten. Gleich im vorderen Bereich entdecke ich *Il bacio più breve della storia*, die italienische Ausgabe des dritten Bandes von Mathias Malzieus *Die Mechanik des Herzens*, der in Deutschland erst im Spätherbst erscheinen soll. Ich mache ein Foto davon und schicke es einer Bekannten, die diesem Buch schon seit Monaten entgegenfiebert, bevor ich weiter zum Tresen schlendere. Vorbei an Notizbüchern und E-Book-Readern, stelle ich mich an der Kasse einem etwa fünfzigjährigen Buchhändler mit einer modernen Rundbrille vor, der sogleich die Leiterin der Buchhandlung hinzuruft.

Von ihr erfahre ich, dass es die Buchhandlung an diesem Standort erst seit knapp einem Jahr gibt, was sich nach Schließung des zuvor hier ansässigen Edison Buchhandelscafés ergab.

La Feltrinelli RED entspricht einem ganz neuen Konzept der Buchhandelskette, erklärt mir die Firenze-Chefin, wobei RED für »Read. Eat. Dream.« steht – eine Buchhandlung, die zum Lesen und Träumen inspiriert und zugleich auch den kulinarischen Aspekt bedient. »... der findet sich übrigens gleich da drüben«, fügt sie lachend an und deutet auf einen Durchgang, der in ein Restaurant führt, in dem rund siebzig Gäste Platz finden. Die Regalwände hier bieten aber nicht nur Tee, Porzellan und Wein an, auch Buchbestseller und druckfrische Novitäten sowie Bildbände im Eingangsbereich sind zu finden.

Über eine Wendeltreppe, die sich schraubenförmig um ein rotes Rundregal mit Kinderbüchern windet, gelangt man von hier ins erste Obergeschoss. Passenderweise schließt sich dort auch direkt die Abteilung für junge Leser an, in der sich nicht nur allerhand Spielflächen befinden, sondern zudem auch wahre Lesehöhlen in die Regalflächen integriert sind. Überhaupt ist das Feltrinelli-Design sowohl im Detail als auch in seiner Gesamtheit so wunderbar schlüssig, dass es eine wahre Wonne ist, jede Abteilung nicht nur in Bezug auf ihre Bücher, sondern auch hinsichtlich ihrer Gestaltung zu entdecken: Inmitten einzelner Leseinseln in der Belletristikabteilung steht etwa ein schwarzer Flügel mit einer eigenen Bücherpräsentation, und die Krimiabteilung schmückt nicht nur ein *Sherlock-Holmes*-Scherenschnitt, sondern auch ein passendes Schild: »*Baker Street W1 – City of Westminster.*«

Gleich neben der englischsprachigen Abteilung stehen auch ein paar deutsche Titel, zu denen neben Sebastian Fitzeks *Noah* natürlich auch Dan Browns *Inferno* zählt, in dem der Bestsellerautor seinen Ermittler Robert Langdon quer durch Florenz schickt. In der Mitte des Raumes führt eine breite Treppe ins zweite Obergeschoss hinauf, von dem man freie Sicht bis hinunter zum Erdgeschoss hat. Neben einer Musik- und DVD-Abteilung gibt es hier Sach- und Fachbücher, Reiseliteratur sowie eine Poesieecke. An der efeubehangenen Balustrade entlang reihen sich gemütliche Lesesessel aneinander, auf denen es sich mehrere Kunden in eine Lektüre vertieft bequem gemacht haben.

Über allem ist eine Glaskuppel in die Decke integriert, von der ein riesiges weißes Banner, auf dem in roten Buchstaben »RED« geschrieben steht, in den Treppenaufgang hinabhängt.

Konzept aufgegangen, denke ich an die Bedeutung zurück und lehne mich dabei ein wenig über die Brüstung, um die Aussicht auf die träumende Buchhandlung ein letztes Mal auf mich wirken zu lassen.

Nachdem ich mich von den Buchhändlern verabschiedet habe, kehre ich noch einmal ans Ufer des Arno zurück, wo alle paar Hundert Meter eine Brücke in den südlich gelegenen Teil der Stadt hinüberführt. Dabei fällt vor allem der Ponte Vecchio auf, ein historischer Flussübergang, der den Palazzo Pitti mit dem Palazzo Vecchio verbindet – einen der Handlungsorte aus Dan Browns *Inferno*, das ich soeben in der Hand hielt.

Ich genieße den Ausblick noch für einen Moment, bevor ich zum Hauptbahnhof zurückkehre und noch am Abend weiter in die Hauptstadt fahre.

… SCHON GEWUSST? LADY IN RED

Feltrinelli ist mit über einhundertzwanzig Dependancen nicht nur der größte Buchhändler Italiens, sondern zählt zugleich auch zu den größten und traditionsreichsten Verlagen des Landes.

Das Besondere: An der Entwicklung des Unternehmens war eine deutsche Fotografin nicht ganz unbeteiligt. Nachdem Giangiacomo Feltrinelli 1954 den Verlag gegründet und 1957 die erste Buchhandlung eröffnet hatte, lernte er 1958 – auf einer Party des Rowohlt Verlags – die aus Essen stammende Inge Schönthal kennen. Diese hatte als Fotografin bereits in jungen Jahren Porträts von Hemingway und Picasso machen können. Die beiden verliebten sich und heirateten 1960.

Nachdem Giangiacomo Feltrinelli 1972 unter ungeklärten Umständen ums Leben kam, führte seine Frau die Geschäfte erfolgreich weiter und ist selbst heute, wo der gemeinsame Sohn Carlo seit über zwanzig Jahren die Geschicke des Feltrinelli-Imperiums verantwortet, so etwas wie die Seele des Unternehmens.

Als ich in Rom die nächste Adresse erreiche – den Palazzo delle Esposizioni – fühle ich mich mit einem Mal furchtbar underdressed:

ARION ESPOSIZIONI/ BOOKÀBAR

In dem gut zehntausend Quadratmeter großen Palast mit insgesamt drei Ebenen findet sich neben Ausstellungsräumen, einem Kino, einem Auditorium sowie einem Restaurant auch die Librerie Arion Esposizioni, besser bekannt als Bookàbar.

Warum diese laut Lonely Planet zu den zwanzig schönsten Buchhandlungen der Welt zählt, ist dabei schon auf den ersten Blick zu erkennen: Durch weiße Farbe und ein ausgeklügeltes Lichtkonzept kommt der erste Raum, durch den ich schlendere, gänzlich futuristisch daher.

In der nächsten, etwas größeren Abteilung finden sich dann in den seitlichen Regalwänden sowohl Kunstbücher, Bildbände und Monografien als auch eine große Auswahl an Kinderbüchern, die über auffallend schöne Coverillustrationen verfügen und oftmals einen Kunstbezug aufweisen. So gibt es neben dem *Dali-Pop-up* auch eine Bildergeschichte aus dem Leben von Leonardo da Vinci.

Zwischen den Regalwänden sind drei Tische aufgebaut, auf denen erzählende Literatur ausgestellt wird, die von Michel Houellebecq bis zu Sebastian Fitzeks *Noah* reicht – diesmal in der italienischen Ausgabe. Darüber hängt ein stilisierter Pegasusflügel, der dem Arion-Logo nachempfunden ist, während sich die Gesamtoptik des Raumes grundsätzlich an der des Eingangsbereiches orientiert: Es dominieren helle, weiße Flächen.

Dass die Buchhandlung dennoch nicht steril oder gar unterkühlt wirkt, liegt zum einen an den Covern der Bücher, die in Italien auffallend farbenfroh gestaltet sind, zum anderen aber vor allem an Eleonara und Anna, den beiden Buchhändlerinnen.

Wenn sie sich in ihren eleganten Hosenanzügen durch die Buchhandlung bewegen, werden die Räume vom rhythmischen

Klackern ihrer Schuhabsätze ausgefüllt – und ganz unabhängig davon, ob sie gerade gehen oder stehen, strahlen die beiden eine solche Herzlichkeit aus, dass sich jeder Besucher willkommen fühlt.

Der Name der Buchhandlung, so erfahre ich, ist in Anlehnung an die angrenzende Cafeteria gewählt, wobei es sich eigentlich um eine Filiale der Arion-Kette handelt, die es ausschließlich in Rom gibt – hier jedoch mit über zwanzig Verkaufsstellen.

Dazu gehören sowohl kleine Buchhandlungen in der Vorstadt als auch größere Design-Buchhandlungen im Zentrum, wobei sich jeder Standort den entsprechenden Rahmenbedingungen anpasst.

»Eine Buchhandlung im wichtigsten Kunstmuseum Italiens muss eben selbst ein kleines Museum sein und über ein entsprechendes Design verfügen«, meint Anna nonchalant und kann sich anschließend ein amüsiertes Grinsen über ihren eigenen Ton nicht verkneifen. Und tatsächlich gibt es auch eine Vielzahl an Museumskatalogen, Printpostern, CDs, DVDs und sogar Kunstobjekten – allerdings erst wieder in Kürze, nach einer kleinen Umbaumaßnahme.

Zur Kundenbindung wurde darüber hinaus die sogenannte Arion-Card eingeführt, mit der Kunden ihre Einkäufe speichern können und eine Gutschrift über zehn Prozent des Wertes erhalten, sobald sie insgesamt mehr als einhundertfünfzig Euro ausgegeben haben. Solche Konzepte sind wohl auch vonnöten, weil es in Italien keine gesetzliche Buchpreisbindung gibt, denke ich.

Nur rund fünfzig Meter vom Platz der Republik entfernt, auf den die Via Nazionale zuführt, befindet sich ein großes Gebäude, das sich über insgesamt sieben Etagen erstreckt und zugleich Standort der nächsten Buchhandlung ist, die auf meinem Reiseplan steht:

IBS + LIBRACCIO ROMA

Bis zur zweiten Etage besteht die Fassade aus grauen glatten Ziegelsteinen, während das Gemäuer in den oberen Stockwerken in

Oben In der Bookàbar werden die Bücher perfekt inszeniert: Die Regale sind indirekt beleuchtet; in der Mitte des Raumes schwebt der Pegasusflügel der Arion-Buchhandelskette.

Unten Der Hauptraum der ibs Libraccio Roma kommt einem Palastsaal gleich und erstrahlt im hellen Tageslicht, das durch die Deckenfenster einfällt.

einem Orangerot gestrichen ist. Allerdings erscheinen mir Teile der Fassade schon recht verwittert und porös, sodass ich mit einer leicht gedämpften Erwartungshaltung durch eine der vier Glastüren eintrete.

Die Überraschung ist umso größer, als ich nach dem Durchqueren des Eingangsbereiches mit seinen niedrigen grauen Regalwänden in eine imposante Halle, einem Palastsaal gleich, gelange.

In die mindestens acht Meter hohe, leicht ausgewölbte Decke sind sechs Fenster in achteckiger Form eingelassen, durch deren Milchglas helles Licht in den beinahe vollständig weiß gehaltenen Raum einfällt. Das rechteckige Deckengebälk wird von ionischen Säulen getragen, die im oberen Bereich schmuckvoll mit Akanthusblattkränzen verziert und im unteren mit umlaufenden Regalwänden verblendet sind.

Nach dem Erkunden der verschiedenen Abteilungen stöbere ich eine Weile durch die Kunstbuchabteilung im Obergeschoss, in der Sitzgruppen zum Verweilen einladen. Ich gehe aber lieber zu dem Balkon, der eine großartige Aussicht auf die gesamte Buchhandlung bietet.

Dabei fällt mir die Buchhändlerin auf, die einen Stapel Bücher unter dem Arm trägt und damit durch das Erdgeschoss wandelt. Im Takt der unaufdringlich leisen Popmusik, die in der Libreria abgespielt wird, vollführt sie leichte Drehbewegungen auf dem hellen Marmorboden, während sie die mitgeführten Titel zielsicher auf den Tischen verteilt.

Ich gehe wieder ins Erdgeschoss hinunter und stelle fest, dass die Buchhändlerin nicht nur zu der Musik tanzt, sondern auch die Melodie von Katy Perrys *Roar* mitsummt.

Ich stelle mich der Buchhändlerin vor, was sie sogleich dazu veranlasst, meinen Namen nachzusprechen.

»Tor-sten? Never heard before«, sagt sie lachend, und dazu wippen ihre Ohrkreolen aufgeregt in der Luft.

Sie erzählt mir, dass ibs.it ursprünglich eine Internetbuchhandlung war und erst vor drei Jahren mit Giunti und Massaggerie, einer der größten Medienketten Italiens, fusionierte. Seitdem heißt die Buchhandlung ibs Libraccio Roma. Als Besonderheit bietet man nicht nur neue, sondern im Untergeschoss auch gebrauchte Bücher an, die deutlich günstiger sind und eine größere beziehungsweise andere Kundengruppe ansprechen.

Während wir so plaudern, fällt mein Blick im Hintergrund auf eine große Wand in der Belletristikabteilung, die ausschließlich Bücher von Elena Ferrante zeigt. »*Finalista*« steht dabei auf Banderolen geschrieben, die sich um die Einbände der Bücher schmiegen. Maria scheint meine Irritation zu bemerken und hakt entsprechend nach: »Du kennst sie nicht, hm?«

»Nein«, erwidere ich.

»Ha, keine Sorge. Niemand kennt sie! Bei uns sind die Bücher aus der *L'amica-geniale*-Reihe wahre Bestseller, aber niemand weiß, wer die Autorin ist. Noch nicht, aber das wird sich vielleicht bald ändern, sie ist für den Premio Strega nominiert.«

Tatsächlich hatte ich von der Autorin bis heute nichts gehört. Doch nachdem ich mich von der Buchhändlerin verabschiedet habe und langsam in Richtung Ausgang schlendere, stelle ich bei meiner Handyrecherche fest, dass die Titel auf Deutsch (zu dieser Zeit noch nicht) verfügbar sind. Mich beschleicht jedoch ein Glücksgefühl wie immer, wenn ich meine, einer neuen Buchentdeckung auf der Spur zu sein.

Am Bahnhof scheine ich das Glück dann tatsächlich ganz auf meiner Seite zu haben: Für nur drei Euro erhalte ich ein Interrail-Upgrade für eine Erste-Klasse-Fahrt nach **Venedig**, wo ich gegen zweiundzwanzig Uhr eintreffen soll. Mit einem Hotelzimmer habe ich weniger Glück, ich lande schließlich im rund 15 Kilometer entfernten Venezia Mestre auf dem Festland.

Am nächsten Morgen ergattere ich zu meiner großen Freude erstmals einen Liegeplatz im Schlafwagen, den ich mir sofort sichere.

In einem übervollen Regionalzug setze ich wenig später über die kilometerlange Eisenbahnbrücke auf die Hauptinsel Santa Lucia über, die wie ein kreisrundes Meer aus roten Dachziegeln in der Lagune von Venedig liegt.

Als ich auf den belebten Bahnhofsplatz hinaustrete, erstrahlt die Stadt in den schönsten Farben: Die Mittagssonne bringt die fein abgestuften Farbnuancen der orangeroten, grünen und zartgelben Fassaden förmlich zum Leuchten, während ihre klaren Konturen im leichten Wellengang des türkisfarbenen Canal Grande verlaufen.

Von meinem Handy lasse ich mich durch die schmalen, bunten Gassen navigieren, die von Cafés, Eisdielen, Souvenirläden und Boutiquen gesäumt werden – und auf die zwischendurch immer mal wieder ein kleiner Marktplatz oder eine Brücke folgt, die über einen der unzähligen Kanäle führt.

Die Stadt ist Leben, Licht und Farbe – und während ich immer weiter ostwärts gehe, bewundere ich die Gondolieri, die zentimetergenau durch die Wasserstraßen steuern, ebenso wie einen prachtvollen Blumengarten im Hinterhof eines himbeerblauen Hauses.

Kurz hinter der Basilika Santi Giovanni e Paolo habe ich schließlich mein nächstes Ziel erreicht:

LIBRERIA ACQUA ALTA

Eine kleine Seitenstraße der Calle Lunga Santa Maria Formosa führt geradewegs in einen Hof, der den Vorplatz der Libreria Acqua Alta bildet und hier zugleich endet. Vor einem hohen roten Backsteinhaus mit dunkelgrünen Fensterläden sind mehrere Postkartenständer aufgereiht, während sich davor zahlreiche Tische mit weiteren Karten, Kunstdrucken, kleinen Postern und Plastikkörben voller Gebrauchtbücher ausbreiten.

Zuvorderst ist ein großes handbeschriebenes Schild an einem der Tische angebracht, auf dem »*Welcome to the most beautiful bookshop in the world*« steht. Rechts davon schließt sich ein Baum an, dessen Laubkrone mit ihren ahornförmigen Blättern den gesamten Eingangsbereich der Libreria Acqua Alta überdacht und somit herrlichen Schatten in den Hof wirft. Eine schwarze Katze blinzelt mich träge an und gähnt, ebenso gemütlich hat es sich ein älterer Herr gemacht, der auf einem Holzstuhl sitzt und in einer Zeitung blättert.

Der spärlich beleuchtete Raum ist fast vollständig mit Büchern ausgefüllt. Vor den durchlaufenden Regalwänden der beiden Längsseiten stehen weitere Regale, Tische, Stühle und Wannen, in denen und auf denen gebrauchte sowie neue Bücher aufgetürmt sind.

Aufgrund der venezianischen Gondel, die in der Mitte des Raumes steht und bis auf den letzten Zentimeter ebenfalls mit Bildbänden, Stadtplänen, Postern und Karten über die Hauptstadt der Region Venetiens bestückt ist, ergeben sich somit nur zwei schmale Gänge entlang der beiden Regalwände.

Mit der Anmut von Slalomfahrern auf der Olympiapiste schlängeln sich dort zahlreiche Besucher zwischen den Büchertürmen hindurch, die immer wieder von venezianischen Masken, Puppen und Dreispitzhüten verziert werden.

Ich tue es ihnen schließlich gleich und schreite behutsam durch die schmalen Gänge, die hier fast ausschließlich Bücher zum Thema Venedig und Venetien bereithalten. Als ich zwischen all den Bildbänden, Architekturführern und Sacherzählungen auch einen Stapel mit Donna-Leon-Büchern aus dem Diogenes Verlag entdecke, bleibe ich für einen Moment stehen.

Auch wenn Commissario Brunetti, Donna Leons Romanfigur, die inzwischen schon über zwanzigmal in den verwinkelten Gassen Venedigs ermittelt hat, ganz sicher einen hervorragenden Stadtführer abgäbe, hätte ich nicht damit gerechnet, die komplette deutschsprachige Reihe hier vorzufinden.

Während ich mir ausmale, dass sich auch die amerikanische Bestsellerautorin, die seit 1981 in Venedig lebt, ganz sicher schon häufiger durch diese Buchhandlung manövriert hat, wird mir mit einem Mal bewusst, dass die Libreria Acqua Alta genauso eng und verwinkelt wie die gesamte Stadt ist.

Am Kassentresen begegne ich schließlich Gianni, der gerade an seiner Zigarette zieht, als wäre es das Selbstverständlichste auf der Welt, in einer Buchhandlung zu rauchen.

Als ich ihm von meiner Reise erzähle, entgegnet er lächelnd: »Das ist großartig, fühl dich wie zu Hause!«

Bevor es dazu kommt, versorgt er mich jedoch noch mit einigen Informationen: *Acqua Alta* ist demnach nicht nur der Name der Buchhandlung und des fünften Falls von Commissario Brunetti, sondern bedeutet übersetzt *Hochwasser*, das Venedig vor allem in den Wintermonaten heimsucht. Wenn das Wasser über die Kanalufer tritt, ist teilweise die ganze Stadt überschwemmt, was vor allem für eine Buchhandlung ungünstig ist.

»Deshalb werden viele Bücher bei uns direkt in Booten und Wannen präsentiert«, erklärt Gianni und lacht.

Manchmal reicht aber auch das nicht: Postkartenmotive zeigen ihn gemeinsam mit dem Inhaber Luigi Frizzo, der die Buchhandlung vor über zehn Jahren eröffnete, und erinnern fotografisch an ein Hochwasser, wegen dem sie die Libreria evakuieren mussten.

Dass die Buchhändler darüber nicht ihren Humor verloren haben, zeigt sich im zweiten Raum von Acqua Alta. Hier finden sich Kinderbücher, Comics, Klassiker sowie Koch- und Sportbücher, während sich ganz hinten eine nach innen geöffnete Tür anschließt, die den Blick auf den Kanal freigibt, der an der Buchhandlung vorbeizieht. Vor der dunkelgrünen Holztür steht ein grau bezogener Polstersessel, an den sich ein Paar Schwimmflossen anlehnt. Im Türbogen, der auf den Fluss hinaufführt, steht *»Fire Exit«*, und ein Pfeil mit der Skizze einer schwimmenden Person deutet auf das Wasser hinaus.

Genau, denke ich lachend, das wird in der Hochwasser-Buchhandlung natürlich am dringendsten gebraucht.

Zuletzt gehe ich noch in den kleinen Hof, der zur Buchhandlung gehört. Dieser liegt auch am Kanal, ist jedoch von einer hohen Mauer umgeben, zu der eine Treppe aus alten, nicht mehr verwendbaren Büchern hinaufführt. Ich betrachte die Konstruktion zunächst ein wenig skeptisch, als Gianni plötzlich neben mir steht.

»Komm«, sagt er und deutet mir mit einer Handbewegung an, ihm nach oben zu folgen, wo *»Wonderful view«* auf der Wand steht. Und tatsächlich: Auf der Kuppe des Bücherbergs angelangt, eröffnet sich eine grandiose Aussicht auf den Rio de la Tetta, auf

Oben In der Libreria Alta Acqua führen nur sehr schmale Gänge durch die Büchermassen. Selbst die Gondoliere an der Wand führen weitere Bücher. **Unten** Im Hof wurden alte Enzyklopädien zu einer Treppe aufgetürmt, die einen wundervollen Ausblick über die hohe Mauer ermöglicht.

dem gerade ein Boot, dessen Fahrgäste uns fröhlich zuwinken, durch die bunte Häuserschlucht schippert.

Als ich zurückwinke, schmiegt sich eine Katze an mein Hosenbein – ganz so, als wolle sie hochgehoben werden und ebenfalls die Aussicht genießen. Was für eine Buchhandlung, denke ich glücklich, wer sich *hier* nicht wohlfühlt, dem ist wohl gar nicht mehr zu helfen.

Zurück in Venedig gönne ich mir das leckerste Stück Karottenkuchen meines Lebens sowie einen ebenso köstlichen Iced Macchiato. Gegen einundzwanzig Uhr steige ich dann gut gelaunt in den Nachtzug, in dem ich mit drei Chinesen und zwei Polinnen, die sich das Abteil mit mir teilen, meine Schlafwagenpremiere feiere.

… SCHON GELESEN?

Empfehlenswertes italienischer Autoren:
Einfach losfahren, Fabio Volo
Sag nicht, dass du Angst hast, Giuseppe Catozzella
Das schönste Wort der Welt, Margaret Mazzantini
Die Einsamkeit der Primzahlen, Paolo Giordano
Eva schläft, Francesca Melandri
Accabadora, Michela Murgia
Das wundersame Leben des Isidoro Raggiola, Enrico Ianniello
City, Alessandro Baricco

Wo Buchhändler dem Leben Sinn schenken und es zu einer Kaffeespezialität handverlesene Bücher gibt

8. Kapitel

ÖSTER REICH

Die Deckenfresken der Österreichischen Nationalbibliothek stecken voller Details und erzählen in jedem Raum eine eigene Geschichte.

Vom Zugpersonal mit Tee, Kaffee und Keksen geweckt zu werden, bevor der Zug um kurz nach acht Uhr in **Wien** einfährt, lasse ich mir gefallen. Wie nach jeder Nachtfahrt fühle ich mich auch diesmal – ohne echte Morgentoilette – dennoch unwohl. Bei der Problemlösung hilft mir ein Angestellter der Bahn, der mir im feinsten Wiener Schmäh den Tipp gibt: »Gegenüber gibt's eine Jugendherberge.«

Und so checke ich mich nachträglich für den gestrigen Tag im A&O Hostel ein und darf eine Morgendusche nehmen.

Anschließend kehre ich zum Hauptbahnhof zurück, wo ich mir einen Reiseführer kaufe und über meine Facebook-Seite um Buchhandlungstipps für Wien bitte. In meiner groben Vorplanung hatte ich ehrlich gesagt nicht damit gerechnet, dass ich innerhalb von nur drei Wochen *so* weit kommen würde, wodurch alles, was nun folgt, ein Bonus ist ... und zwar im doppelten Sinne.

Von *einer* Buchhandlung habe ich aber schon gehört, dass sie geradezu nach einem Besuch schreit – und so fahre ich nach einem kurzen Studium des Streckennetzes in den Norden.

Eine gute halbe Stunde später steige ich auf Höhe der Volksoper aus und gehe bei strahlendem Sonnenschein die Währinger Straße hinauf. Auf der belebten Hauptstraße, die vom Oberleitungsnetz der Tram überspannt ist, begegnen mir Supermärkte, Bekleidungsläden und Bäckereien, bevor ich nach einer leichten Straßenbiegung mein nächstes Ziel erreicht habe:

HARTLIEBS BÜCHER

Im Erdgeschoss eines mehrstöckigen grauen Hauses ragt eine beige Markise, die mehrfach den Namen der Buchhandlung zitiert, von der Fassade und verwandelt den Eingangsbereich in einen Schattenplatz. Dadurch werden nicht nur die insgesamt vier Drehständer mit Taschenbüchern, die in diesem Bereich präsentiert werden, vor der Sonneneinstrahlung geschützt, sondern auch die breite Schaufensterfront, in die beleuchtete, ganz leicht aus der Fassade hervortretende Vitrinen integriert sind. Vor allem der Schaukasten auf der äußeren rechten Seite deutet dabei bereits eine der Besonderheiten dieser Buchhandlung an: Darin finden sich vier Kriminalromane des Autorenduos Bielefeld & Hartlieb, die allesamt im Diogenes Verlag erschienen sind und die literarische Umtriebigkeit der Inhaberin unterstreichen.

Petra Hartlieb verkauft nämlich nicht nur Bücher, sie schreibt auch welche. Neben der Berlin-Wien-Krimireihe um die Ermittler Bernhardt und Habel, bei der Hartlieb mit dem Literaturkritiker Claus-Ulrich Bielefeld als Autorenduo verantwortlich zeichnet, hat sie unlängst auch ihre eigene Geschichte beziehungsweise die des Abenteuers, eine eigene Buchhandlung zu eröffnen, zu Papier gebracht: *Meine wundervolle Buchhandlung* ist 2014 im Dumont Verlag erschienen.

Und so kommt es, dass ich schon eine ganze Menge über Hartliebs Bücher weiß, ohne die Buchhandlung überhaupt betreten zu haben: Hinter den weiß gerahmten Fenstern, die sich oberhalb der Markise im ersten Obergeschoss anschließen, wohnen die Hartliebs zum Beispiel – und vielleicht essen sie just in diesem Moment gemeinsam zu Mittag oder diskutieren über eine druckfrische Buchentdeckung, während ich hier auf der Straße stehe und mich an die Lektüre von *Meine wundervolle Buchhandlung* zurückerinnere, wobei sich immer mehr Details in meinem Gedächtnis einfinden und zusammenfügen.

Vor etwas mehr als zehn Jahren sind Petra und Oliver Hartlieb bei Freunden in Wien zu Gast gewesen und erfuhren dabei von der Schließung einer ortsansässigen Buchhandlung. Spontan vereinbarten sie einen Besichtigungstermin und wagten es schließlich – ohne einen echten Plan oder allzu große Hoffnungen zu haben –, ein Gebot für die Buchhandlung abzugeben. Kurze Zeit später erhielten sie eine E-Mail, die ihr Leben von Grund auf änderte! Der kaum für möglich gehaltene Zuschlag veranlasste die kleine Familie dazu, kurzfristig alle Zelte in Hamburg abzubrechen und nach Wien überzusiedeln, um ihre eigene Buchhandlung zu eröffnen.

Und tatsächlich zeigt sich mir, dass die relativ kleine Buchhandlung eine außergewöhnlich einladende Atmosphäre bietet: Die milchverglasten Rundleuchten, die von der Decke hängen, sorgen für ein warmes Licht, das im Zusammenspiel mit den dunkelbraunen deckenhohen Bücherregalen aus Holz unaufgeregte Gemütlichkeit verströmt.

Zusätzlich sind in der Decke schmale Schienen mit Trittleitern integriert, sodass auch jene Bücher, die sich ganz oben in den Regalen befinden, jederzeit problemlos erreicht werden können. Überhaupt treffe ich hier auf eine Vielzahl liebevoller Details, die mir diese Buchhandlung auf Anhieb sympathisch macht: Während sich im Bereich hinter dem Kassentresen Sach- und Reisebücher sowie die Regionalia-Abteilung mit ausgewählten Titeln von und über Wien befinden, führt auf der anderen Seite ein kleines Holzpodest zu der Kinder- und Jugendbuchabteilung, sodass diese Abteilung für die kleinen Leser besser erreichbar ist. Die Literaturabteilung findet sich sowohl im frontalen Sichtbereich des Eingangsbereiches als auch in einem etwas kleineren Raum weiter hinten – allerdings sind Taschenbücher und Hardcover dabei strikt voneinander getrennt, was die Bücherregale auffallend harmonisch ausgefüllt wirken lässt.

Passend zum sehr präsenten Diogenes-Drehständer, der im vorderen Teil Taschenbücher von Joey Goebel über John Irving bis hin zu Griechenland-Krimis von Petros Markaris anbietet, wird die Hardcover-Abteilung mit zahlreichen Spruchpostkarten des Schweizer Verlags aufgelockert. Zwischen ausgewählten Bildbänden und Prachtschubern fragt eine der Karten augenzwinkernd »Wer soll das alles lesen?«, während gleich die nächste Karte dazu aufruft, aktiv zu werden: »Kommen Sie schon, lesen Sie was!«

Vor einer roten Sitzbank, die in eines der Regale der Hardcover-Abteilung integriert ist, mache ich schließlich halt und lasse die außergewöhnliche Atmosphäre noch ein wenig auf mich wirken, zu der auch die Buchhändler entscheidend beitragen. Im Minutentakt kommen immer wieder neue Kunden in die Buchhandlung, die scheinbar allesamt persönlich miteinander bekannt sind, sodass ein bestelltes Buch zum Beispiel sofort hervorgeholt wird und ein persönlicher Buchtipp gar nicht viele Worte braucht. Die Buchhändlerin muss den Kunden nicht erst zu seinem Lesegeschmack befragen, und im Gegenzug scheint auch der Kunde um zuverlässig gute Buchtipps bei Hartliebs zu wissen, sodass die Dialoge zum Teil sehr kurz gehalten sind: »Sie suchen ein unterhaltsames Buch? Aber gern. Das hier müssen Sie unbedingt lesen. Es ist großartig und wird Ihnen ganz sicher gefallen.«

»Wunderbar, das ist gekauft. Packen Sie's zu den anderen?«

Gleichzeitig ist aber immer Zeit für einen persönlichen Plausch — nicht nur über das Wetter, sondern auch über die Kinder, den letzten Urlaub oder kleinere Sorgen ausgetauscht wird.

Diesen Eindruck bestätigt mir dann auch Petra Hartlieb, die meine (heute erstmals deutschsprachige) Kurzvorstellung mit den Worten »Ach, Sie kenne ich doch!« erwidert.

Wie sich herausstellt, hat sie auf Facebook bereits von meiner Buchhandlungsreise gelesen – dass wir uns nun allerdings auch in ihrer *wundervollen Buchhandlung* begegnen, kommt für uns beide überraschend. Während sie ihre dunkelbraunen Haare zu einem Zopf zusammenbindet, erzählt sie mir, dass ihre Familie vor rund zehn Jahren tatsächlich so ungeplant zu der Buchhandlung gekommen ist, wie es im Buch beschrieben wird. Zwar haben sowohl ihr Mann (Buchhändler und Verlagsmitarbeiter) als auch sie (Pressefrau) bereits Kontakte in die Branche gehabt – die eigene Buchhandlung kam dann aber dennoch in jeder Hinsicht ungeplant und war etwas völlig Neues.

Inzwischen ist man nicht nur innerhalb des Viertels, das zugleich auch den eigenen Lebensmittelpunkt darstellt, zu einer Institution geworden, sondern darf seit Kurzem auch viele Buchblogger und Touristen von außerhalb begrüßen. Dazu trägt maßgeblich das Buch bei, das die Geschichte von Hartliebs nachzeichnet und viele Leser dazu inspiriert, diesen besonderen Ort persönlich kennenlernen zu wollen.

»Inzwischen ist der ersten ungeplanten Buchhandlung sogar eine zweite gefolgt«, lacht Petra Hartlieb. »Unser zweites Geschäft auf der Porzellangasse ist vor allem auf italienische sowie französische Literatur spezialisiert.«

Unglaublich, denke ich, was sich aus einem spontanen Einfall alles entwickeln kann.

Während Petra Hartlieb anschließend vom nächsten Kunden um eine persönliche Buchempfehlung gebeten wird, entdecke ich an der angrenzenden Regalwand eine weitere Diogenes-Postkarte:

»Sagen Sie Ihrem Buchhändler, dass Ihr Leben ohne ihn keinen Sinn hat.« Dieses Motiv könnte hier zweifellos zum Bestseller avancieren.

Auf dem Weg zurück zur Tramstation zücke ich mein Handy und sondiere sämtliche Rückmeldungen, die mich per Kommentar oder Nachricht zum Thema Wiener Buchhandlungstipps erreicht haben. Ein Vorschlag wurde dabei besonders häufig genannt, sodass ich mit der Bahn in Richtung Süden zur Gumpendorfer Straße fahre.

Zwischen Mariahilf und Naschmarkt gelegen, handelt es sich hierbei nur auf den ersten Blick um eine unscheinbare Nebenstraße. Tatsächlich haben sich nämlich zahlreiche Restaurants, Cafés, Bars und sogar ein Kino auf der Straße angesiedelt, anscheinend für ein recht junges Publikum – außerdem mein nächstes Buchhandlungsziel:

PHIL

An der Straßenecke zur Königsklostergasse findet sich die Buchhandlung direkt neben einer Cocktailbar namens If Dogs Run Free. In das Grau der Fassade ist eine Glastür eingelassen, über der das runde Logo der Buchhandlung thront. Rund um die Tür gibt es einen kleinen Fassadenvorsprung, der sich mit seinem kräftigen Rotton deutlich vom Rest der Häuserfront absetzt, gleichzeitig aber perfekt zu der Lese- und Café-Sitzecke passt, die von einem roten Sonnenschirm überspannt ist.

Bei Betreten des Verkaufsraums bin ich sofort restlos begeistert: Das phil ist durchweg hell und offen gestaltet, was dank der großen Seitenfenster, durch die gerade die Mittagssonne einfällt, noch verstärkt wird.

Dabei lässt sich das phil, das aus nur einem Raum besteht, in drei Bereiche untergliedern: Während im rechten Flügelteil eine Café-Bar integriert ist, deren Produktangebote fast allesamt auf den eigenen Namen anspielen (philfraß, philgood ...), befindet

Die Kinder- und Jugendbuchabteilung bei Hartliebs Bücher ist mit einem kleinen Podest ausgestattet, zu dem ein paar Stufen emporführen, so dass die entsprechenden Titel für die kleinen Leser erreichbar sind.

sich im vorderen Teil die Buchhandlung. Im linken hinteren Teil führt eine Treppe zu einer Art Lesesaal empor, der von einer großen Bücherwand mit Graphic Novels und Kunstbänden abgeschlossen wird.

Neben Tischen, Stühlen und Bänken finden sich hier auch gemütliche Ledersessel, an denen kleine Kärtchen befestigt sind: »Schmökerthron – Setz dich und lies. Kein Essen & Trinken!« steht darauf — aus Rücksicht auf die Bücher versteht sich.

Daneben schließen sich weitere Regalflächen an, in denen nicht nur auffallend viele Bücher aus unabhängigen Verlagen präsentiert werden, gibt es die Rubriken wie »I phil love«, »Hirnverstärker«, »Poesie & Sprache« sowie »Lesenswert«.

Etwa auf halber Höhe dieses Rundregals, das vom Lesesaal in das Café hinüberführt, ist ein Banner angebracht, das den Sinn hinter der ungewöhnlichen Auswahl an Abteilungsnamen erklärt: *»Don't classify me, read me. I'm a book, not a genre.«*

Amüsiert gehe ich zum Kassentresen hinüber, vor dem gerade ein junger Mann Bücher sortiert.

»Johannes«, stellt er sich mir vor, und er freut sich sichtlich, dass mir das phil von so vielen Wienern empfohlen wurde, und erzählt, dass man sich in den letzten Jahren tatsächlich einen entsprechenden Namen in der Literaturszene erarbeitet habe. Alle Bücher seien handverlesen und persönliche Favoriten der Buchhändler, wobei darüber hinaus auch DVDs und Vinyls angeboten werden. »Genau genommen kann man hier so ziemlich alles kaufen«, sagt Johannes und zeigt dabei lachend in Richtung einer Sitzgruppe neben einem Regal mit englischsprachigen Titeln, die von mindestens 15 Lampen überthront wird. Erst jetzt sehe ich, dass an den Deckenleuchten kleine Preisschilder angebracht sind.

Des Weiteren führt die integrierte Bar dazu, dass das phil bis nachts um ein Uhr geöffnet hat und gleichzeitig allerhand Konzerte und Lesungen veranstaltet — teilweise auch im befreundeten Gartenbaukino. So hat man Ende 2014 zum Beispiel den berühmten US-Schriftsteller T. C. Boyle begrüßen dürfen.

Als ich Johannes zum Abschluss nach einem persönlichen Buchtipp frage, legt er mir einerseits das Buch *Binge Living* ans Herz, das von der Wiener Autorin Stefanie Sargnagel verfasst wurde und die außergewöhnlichsten Callcenter-Monologe versammelt, gleichzeitig präsentiert er mir aber auch einen roten Leinenband. Dabei handelt es sich um eine Geburtstagsanthologie, die zum zehnjährigen Bestehen des phil herausgegeben wurde und neben Texten von befreundeten Gästen und Autoren wie Tex Rubinowitz auch eine CD umfasst.

Phil – ausgesprochen *viel* – ist auf eintausend Exemplare limitiert; ich kaufe die Nummer 931.

Als ich gehen will, gibt mir Johannes noch einen weiteren Tipp mit auf den Weg – diesmal für eine Buchhandlung, die sich gleich im benachbarten MuseumsQuartier befindet.

Ich gehe die Gumpendorfer Straße also wieder zurück und gelange über den Getreidemarkt auf den Museumsplatz.

Während sich dort auf der nördlichen Seite das weitläufige Parkgelände des Maria-Theresien-Platzes ausbreitet, hinter dessen Baumkronen die kunstvoll verschnörkelten Kuppeldächer des Kunsthistorischen sowie des Naturhistorischen Museums emporragen, schließt sich zur anderen Seite die schier endlos lange, apricotfarbene Fassade des sogenannten MuseumsQuartiers an, das insgesamt sechzig kulturelle Einrichtungen umfasst.

Über einen der Durchgänge gelange ich in den belebten Innenhof, in dem sich neben mehreren Kunstmuseen auch einige Cafés finden. Die türkisfarbenen Sitzmöbel, die außerdem den Hof säumen und dabei ihrerseits wie abstrakte Kunstwerke anmuten, werden gleich hundertfach als Sonnenliegen in Anspruch genommen, und ungefähr in der Mitte von allem steht eine Hinweistafel in Plakatform: Diese weist nicht nur auf das O-Töne-Literaturfestival hin, das in Kürze immer donnerstags als Serie starten und unter anderem Arno Geiger und Vea Kaiser als Gäste begrüßen wird, sondern gibt auch Aufschluss über den genauen Standort meines nächsten Buchhandlungsziels:

MUSEUMS-BUCHHANDLUNG WALTHER KÖNIG

Die Buchhandlung Walther König hat nicht nur ihren Sitz, sondern auch ihre Ursprünge in Köln, wo die Erfolgsgeschichte des Familienunternehmens in den Sechzigerjahren ihren Lauf nahm.

Im Schatten des Doms gründete Walther König dort sowohl eine Buchhandlung als auch einen Verlag und spezialisierte sich fortan voll und ganz auf den Kunstbereich. Schnell erarbeitete er sich ein großes Netzwerk an Ausstellern, Künstlern und weiteren Fach- sowie Regionalverlegern, wodurch die Buchhandlung zu einem beliebten Szenetreffpunkt wurde und auch der Verlag schon bald namhafte Autoren publizierte.

Inzwischen verfügt man über weit mehr als dreißig Buchhandlungen in ganz Europa, die oftmals einem Museum angeschlossen sind, wobei der Kölner Standort als größte Kunstbuchhandlung der Welt gilt.

Während der Boden, die Tische sowie die Regale aus dunklem Holz gefertigt sind, kontrastieren die Pfeiler und die hohe Gewölbedecke in hellen Tönen.

Mit solchen Attributen kann die Wiener Filiale zwar nicht ganz aufwarten, dennoch bin ich Johannes gleich beim Eintreten in diese außergewöhnlich schöne Buchhandlung für seinen Tipp dankbar: Eine hohe weiße Gewölbedecke, die sich auf beigebraune Pfeiler stützt, bildet das Dach – allein dadurch mutet der Raum bereits auf den ersten Blick wie ein kleines Museum an.

Der Raum nimmt einen leicht ovalen Verlauf und führt zu seinen Längsseiten umlaufende, schwarze Bücherwände, mit denen zusätzlich auch die vier massiven Pfeiler verkleidet sind.

Der Boden besteht aus einem dunklen, edlen Holzparkett, das optisch in Form einiger Ausstellungstische fortgesetzt wird, die aus demselben Material gefertigt sind.

Das Sortiment ist dabei deutlich vielfältiger, als ich es von einer Spezialbuchhandlung dieser Größenordnung erwartet hätte, und versammelt nicht nur Titel zur Kunstgeschichte und Architektur sowie Mode-, Fotografie- und Designbildbände, sondern greift auch völlig andere Aspekte auf. Neben Notizbüchern und faltbaren Reiseführern werden auch ausgewählte Graphic Novels mit Kunst- oder Literaturbezug angeboten. Zudem gibt es ein Antiquariat sowie eine moderne Kunstabteilung, die sich der Typografie, dem Grafikdesign und der Street-Art widmet und somit unter anderem auch Titel des britischen Künstlers Banksy für die interessierte Kundschaft bereithält. Im hinteren Teil ist eine Kinderbuchabteilung untergebracht, bei der sämtliche Titel auf Sicht präsentiert werden, zwischen denen ich eines der vielleicht schönsten und aufwendigsten Illustrationsbücher entdecke: *Alle Welt. Das Landkartenbuch.*

Auf jeweils einer Doppelseite werden darin über fünfzig Länder mit all ihren Sehens- und Liebenswürdigkeiten, ihren regionalen Eigenheiten sowie ihren markantesten Besonderheiten porträtiert. Die beiden polnischen Illustratoren sollen über drei Jahre an der Ausgestaltung dieses Buches gearbeitet haben.

Abschließend komme ich noch mit einem der Buchhändler ins Gespräch, von dem ich erfahre, dass hier ehemals die traditionsreiche Buchhandlung Prachner ansässig war, ehe sie 2008 ihre Geschäfte aufgeben musste und der Standort im MuseumsQuartier von Walther König übernommen wurde.

Ganz aktuell plant man eine Umgestaltung der Fläche, die mit kleineren Schönheitsreparaturen einhergehen soll.

»Noch schöner?«, frage ich erstaunt, »da bin ich wirklich gespannt.«

Zum Abschied tauschen wir unsere Visitenkarten aus, und ich verspreche, dass ich die weitere Entwicklung der Buchhandlung zumindest online verfolgen werde, bevor ich mich mit einem Blick auf die Uhr in Richtung Ausgang verabschiede.

Mein ursprünglicher Plan, vor der Rückfahrt zum Hauptbahnhof nur noch einen kleinen Spaziergang durch den gegenüberliegenden Park zu unternehmen, wird jäh durchkreuzt – via Facebook meldet sich meine Buchhändlerkollegin Anna, die den Besuch folgender Institution unbedingt empfiehlt:

ÖSTERREICHISCHE NATIONAL BIBLIOTHEK

Ich gehe also zur Wiener Hofburg, wo sich an den historischen Palastbau die Neue Burg mit der Nationalbibliothek anschließt. Mit dem Prunksaal erwartet mich tatsächlich einer der schönsten Bibliothekssäle der Welt, und wenn auch keine Buchhandlung, so kann ich diesen sehenswerten Ort hier nicht fehlen lassen: Im Herzen des Barock-Prachtbaus befindet sich der runde Saal, der von einer großen Kuppel gekrönt wird. In die aufwändig gestalteten, überwiegend aquamarinen Deckenfresken sind in diesem Bereich ovale Fenster eingelassen, durch die Tageslicht einfällt und sich mit dem warmen Licht, das sich im unteren Teil an die goldverzierten Antikholzregale anlehnt, vermischt.

Ich bleibe überwältigt stehen und staune mich für eine Weile durch den Raum, in dem sich unter anderem auch eine Skulpturenformation aus Marmor sowie je ein riesiger Erd- und Himmelsglobus befinden. Neben den Fotos, die ich mache, erstehe am Ende noch ein Poster zur Erinnerung, dann wird es aber höchste Zeit für die Weiterfahrt nach Bratislava.

... SCHON GELESEN?

Empfehlenswertes österreichischer Autoren:
Der Allesforscher, Heinrich Steinfest
Makarionissi oder Die Insel der Seligen, Vea Kaiser
Die Stunde zwischen Frau und Gitarre, Clemens J. Setz
Idylle mit ertrinkendem Hund, Michael Köhlmeier
Der Gipfeldieb, Radek Knapp
Der Trafikant, Robert Seethaler
69 Hotelzimmer, Michael Glawogger
Das Nötigste über das Glück, Bernhard Aichner

Unter schwebenden Büchern im Café und mit der Straßenbahn auf Zeitreise

9. Kapitel

SLOWAKEI

Das Café im Obergeschoss lädt zum Verweilen ein: Gemütliche Sessel vor einer holzvertäfelten Wand. Darüber schweben Bücher an der Decke.

Keine sechzig Kilometer ist **Bratislava** von Wien entfernt. Die Bahnstrecke verläuft schnurgerade durch wunderschöne Landschaften, immer wieder ziehen kleine Seen und strahlend gelbe Rapsfelder vorbei. Spätestens nachdem der Zug die March überquert hat und ein weitläufiges Naturreservat passiert, aus dessen Wäldern ein großer Kreidefelsen emporragt und am Ufer des Grenzflusses in der Sonne leuchtet, bin ich voller Vorfreude für dieses Land, das anscheinend viele Überraschungen bereithält.

Mit seinen gelben Paneelen und der zuckenden Neonröhrenbeleuchtung erinnert mich das Bahnhofsgebäude der Hauptstadt und größten Stadt der Slowakei an die Sporthalle meiner Grundschule – und wirkt nicht nur deshalb wie ein Relikt aus einer früheren Zeit. Ich gehe nach einem Blick auf den Stadtplan in meinem Handy in südliche Richtung, wo ich die sich kreuzenden Hauptstraßen über eine Brücke speziell für Fußgänger passiere.

Während ich anschließend der Štefánikova stadteinwärts folge, bekomme ich einen guten Eindruck von der wechselvollen Geschichte der Stadt: Zwischen schmucke Barockbauten in Pastell- und Beigetönen fügen sich schlichte Plattenbauten ein, deren Fassade verwittert und zum Teil mit Graffitis besprüht ist.

Doch je näher ich der Altstadt komme, verdrängen Stuckvillen die sozialistische Architektur, bis ich durch einen weitläufigen öffentlichen Park, der Gartenanlage des Präsidentenpalasts, zu ebendiesem gelange. Ich ziehe meinen Trolley quer über den Vorplatz, in dessen Mitte ein Springbrunnen in das Kopfsteinpflaster eingelassen ist, und gelange über eine kleine Seitenstraße schließlich in die Fußgängerzone, auf der ich gegen 19.45 Uhr mein nächstes Buchhandlungsziel erreiche:

KNIHKUPECTVO MARTINUS.SK

Knihkupectvo Martinus.sk ist in einem überaus modernen Gebäudekomplex gelegen, dessen Front beinahe ausschließlich aus

Glasflächen besteht. Während das obere Stockwerk von einer durchlaufenden Fensterfront gebildet wird, die in diesem Bereich von einer weiß vertäfelten Fassade eingerahmt wird, bildet das Erdgeschoss einen optischen Kontrast dazu; hier sind die Glastüren tiefschwarz eingefasst.

Über dem Eingangsbereich findet sich das Logo der Buchhandlung, das zwei weiße, diagonal angeordnete Bücher auf rotem Grund zeigt, die durch die besondere Anordnung zugleich eine angedeutete Herzform darstellen.

Als ich die Buchhandlung betrete, fällt es mir schwer, die vielfältigen Eindrücke halbwegs einzuordnen: Auf den ersten Blick meine ich in einer Designer-Buchhandlung zu sein, doch zugleich besticht der Raum durch einladende Gemütlichkeit und liebevoll ausgearbeitete Details.

So gibt es ein Buchhandlungscafé, an das sich Büchertische und -regale mit den aktuellen slowakischen Bestsellern anschließen, die von Anna Todd bis zu John Green reichen.

Während die Decke schwarz gehalten ist, bestehen sowohl die Regalwände als auch die Möbel auf der gesamten Fläche aus einem hellen Holz, das wohl in Kombination mit der Lichtgestaltung für die behagliche Atmosphäre sorgt: Die Rundleuchten sind mit Lampenschirmen aus stilisierten Buchseiten ausgestattet.

Im Bereich der Infotheke, hinter der die erzählende Literatur auf gut zwei Dritteln der Erdgeschossfläche präsentiert wird, sind gefräste Holzbuchstaben zu einer kleinen Wand aufgetürmt, die einerseits den Eingangsbereich vom Rest der Fläche abgrenzt und zugleich die optische Präsenz der Theke erhöht.

In der Belletristikabteilung schweben an Fäden rote aufgeklappte Bücher – allesamt mit Martinus-Logo ausgestattet – von der Decke. Eine Säule dient mittels literarischer Anspielungen als Wegweiser für die verschiedenen Abteilungen: Die »Baker Street« befindet sich mit ihren Krimis gleich angrenzend, während man noch etwas weitergehen muss, um nach »Rokfort« (= Hogwarts) und »Narnia« zu gelangen, was den Kinder-, Jugend- und Fantasybüchern entspricht.

Auf der gesamten Fläche verteilt, finden sich immer wieder rote Sitzsäcke, schwarze Sofas und Sitzhocker, die Bücherstapeln

In der Mitte des Obergeschosses befindet sich eine gemütliche Leseinsel, die von weiteren Sitzsäcken gesäumt wird. Im Hintergrund schließt sich die Abholstation für Online-Bestellungen an.

nachempfunden sind und zum Anlesen von neu entdeckten Büchern einladen.

Auch im Obergeschoss wird der Kunde konsequent zum Lesen und Stöbern verführt, inmitten der verschiedenen Sach- und Fachbücher sind große Leseinseln eingebettet: Eine rote Sitzbank schmiegt sich dazu um eine massive Rundsäule und wird von einem beigen Schirm mit integrierten Halogenleuchten überspannt, was mich ein wenig an einen Gartenpavillon erinnert. Rundherum sind mehrere Sitzsäcke im Rot der Buchhandlung angeordnet, auf denen es sich einige Besucher gemütlich gemacht haben und sich mit Reiseführern und Bildbänden an die entferntesten Orte träumen.

Im Bereich der Fensterfront, die einen Ausblick auf die Fußgängerzone gewährt, findet sich das Büchercafé – das schönste, das ich jemals gesehen habe –, das die Gestaltungsfeinheiten aus der unteren Ebene zitiert. Die Wände sind mit einem etwas dunkleren edlen Holz verkleidet, während fast über die ganze Decke verteilt auch hier fliegende Bücher die Blicke der Besucher immer wieder nach oben schweifen lassen.

Die Lampenschirme sind ebenfalls aus stilisierten Buchseiten, und selbst die Möbel haben sich dem bibliophilen Design angepasst, sodass in einer besonders gemütlichen Lounge-Ecke sowohl die Tische als auch die Sitzbänke wie überdimensionale Notizbücher gestaltet sind.

Zur linken Seite des Cafés ist ein Literaturkalender an der Wand angebracht, auf dem jedem Tag des Monats eine eigene Fläche gewidmet ist und der auf diese Weise über aktuelle Veranstaltungen, Neuerscheinungen und Autorengeburtstage informiert.

»*Beautiful, isn't it?*«, tönt es von der Seite, nachdem ich nun schon für mindestens fünf Minuten sämtliche Details dieses außergewöhnlichen Cafés bestaunt habe. Ein junger Mann mit dunklen Haaren und in einem blütenweißen Hemd, vor dem er ein Tablett balanciert, lächelt mich freundlich an. Es ist Adrián, der Chef-Barista, der sich sogleich begeistert von meinem Reiseprojekt zeigt.

Er fragt höflich, ob er mich auf einen Kaffee einladen darf, und gibt mir schließlich einen kleinen Einblick in die Martinus-Geschichte: »Anfang 2000 ist Martinus zunächst als reiner Onlineshop gestartet«, erzählt er und zeigt dabei an das gegenüberliegende Ende des Raumes, wo sich eine Abholstation für Internetbestellungen anschließt. »Aus diesem Shop ist irgendwann eine erste Buchhandlung hervorgegangen«, fährt er fort, »und inzwischen gibt es beinahe zehn Martinus-Filialen in der Slowakei, wodurch wir der zweitgrößte Buchhändler des Landes sind – und das nach nicht einmal 15 Jahren.« Ich nicke anerkennend, und er fährt fort: »Wir werden von jungem und altem Publikum gleichermaßen geschätzt, da wir modern sind, aber zugleich auch ein Ort zum Wohlfühlen. Und wahrscheinlich sind wir auch die einzige Buchhandlung weltweit, die Barista ausbildet.« Beim letzten Satz grinst Adrián fröhlich.

Kurz bevor die Buchhandlung um einundzwanzig Uhr schließt, verabschiede ich mich, und gehe noch auf einen kleinen Snack in die benachbarte Restaurant-Bar, bevor ich mich auf den Weg zum nordwestlichen Ende der Innenstadt mache, wo ich mein Nachtquartier in einem umgebauten Studentenwohnheim beziehe.

Am nächsten Morgen entschließe ich mich zu einer Fahrt mit der Straßenbahn, die auf den ersten Blick so aussieht, als wäre sie gerade aus dem Lager eines Museums geholt worden: Von Staub und Schmutz überzogen, lässt sich ihre ursprüngliche Farbe selbst dann nur grob erahnen, als sie bereits die Straße heruntergepoltert ist und unmittelbar vor mir zum Stehen kommt. Auch die Ticketpreise sind gerade einmal im Centbereich angesiedelt, sodass ich mir beim Einstieg ausmale, dass es sich bei dieser Tram auch um eine Art Zeitreisevehikel handeln könnte, die zwischen der Vergangenheit und der Gegenwart verkehrt. Schon wenige Minuten später erreicht die Bahn jedoch – ganz ohne derlei Vorkommnisse – den Hauptbahnhof von Bratislava, von wo aus ich in südöstliche Richtung weiterfahre.

... SCHON GELESEN?

Empfehlenswertes slowakischer Autoren:
Buch über den Friedhof, Samko Tále
Solange es schön ist, Magdalena Sadlon
Tod auf der Donau, Michal Hvorecky
Der größte Fall meines Vaters, Zdenka Becker

Lesen und Tanzen im goldverzierten Ballsaal von Lotz

10. Kapitel

UNGARN

Der Eingangsbereich des Book Cafés besteht aus einem großen Raum, der auf die Rolltreppen zuläuft. Darüber thronen bernsteinfarbene Rundleuchten.

Hatte ich mich mit den ersten Stationen meiner Reise im Vorfeld der Tour zumindest ein wenig auseinandergesetzt, ist alles, was ich nun erlebe, eine Art Bonuskapitel. Und was für eins! Nach etwas mehr als drei Wochen steuere ich nun schon das zehnte Land an und möchte mich überraschen lassen, was es mir zu bieten hat.

Am frühen Nachmittag komme ich in **Budapest**, der Hauptstadt Ungarns, an, wo ich am Ostbahnhof Keleti aussteige.

An die große Haupthalle, die im Neorenaissancestil errichtet wurde und deren Wände zum Teil mit Fresken und Gold verziert sind, schließen sich kleinere Gänge an, in denen eine geschäftige Marktatmosphäre herrscht und gekocht, gebraten und lautstark miteinander diskutiert wird. Ich wechsle an einem kleinen Büdchen fünfzig Euro in ungarische Forint, deponiere meinen Trolley in einem Schließfach und mache mich auf in die Innenstadt.

Der Bahnhofsplatz führt direkt auf die Rákóczi-Hauptstraße, die von allerhand Hotels und Supermärkten gesäumt ist.

Sind die hohen Häuserfassaden zuerst noch überwiegend dunkelgrau oder braunrot, erstrahlen die Gebäudefronten bald hellrosa und weiß in der gleißenden Sonne.

Kleine Gärten und Blumenkübel sorgen außerdem für Farbe. Ich erreiche die Andrássy út, die zum UNESCO-Weltkulturerbe zählt. Dieser Prachtboulevard beheimatet hochwertige Boutiquen sowie noble Cafés und Restaurants.

Kurz hinter einem kleinen Park, der in Form einer Seitenstraße vom Boulevard abgeht, stehe ich auch schon vor der Buchhandlung meiner Wahl:

ALEXANDRA KÖNYVESHÁZ BOOK CAFÉ

Das Gebäude überragt die benachbarten Häuser um gut zwei Stockwerke und fällt auch ansonsten vollkommen aus dem

Rahmen: Ist die Fassade noch im einheitlichen Grauton der übrigen Häuser gestaltet, sind hier jedoch keine Etagenfenster eingezogen, vielmehr schwingt sich eine riesige, ellipsenförmige Glasfront bis in die obere Ebene hinauf.

Auf Höhe der zweiten Etage stützen Betonpfeiler einen französischen Balkon, der mit zwei Statuen sowie einer Uhr dekoriert ist, während die erste Etage einen kleinen Häuservorsprung bildet. Darunter schließt sich der hochglanzverspiegelte Eingangsbereich an, dessen durchlaufendes Schaufenster von einem Wabenmuster aus Edelholz- und Metallbalken verziert wird.

Der Vorsprung selbst ist mit *Párisi Nagy Áruház* überschrieben, was so viel wie »Pariser Kaufhaus« bedeutet und nicht nur ein einfaches Dekor, sondern zugleich eine Reminiszenz an frühere Zeiten darstellt, wie ich schon bald erfahren soll.

Zunächst möchte ich aber nun in die Buchhandlung hinein – komme unmittelbar hinter der aufschwebenden Eingangstür aber gleich wieder staunend zum Stehen: Der Eingangsbereich besteht aus einem großen, hohen Raum, der im hinteren Teil auf eine Rolltreppe in Richtung Obergeschoss zuführt. Von der Decke hängen zwei massive Leuchten, deren flaches Rundglas bernsteinfarben den gesamten vorderen Bereich in einem edlen Goldton ausleuchtet. Auf eine Wein- und Souvenirabteilung folgen dabei mehrere Tische, die offen im Raum stehen und auf denen aktuelle Buchempfehlungen zu Pyramiden aufgestapelt sind.

Der Mittelteil wird seitlich von je vier marmorvertäfelten Säulen abgeschlossen, um die sich schwarze Bücherregale schmiegen und in zwei weitere Räume hinüberführen.

Hier setzt sich das Bild aus dem Eingangsbereich nahtlos fort: Während auf der Fläche weitere Bücherpyramiden präsentiert werden, sind die Längsseiten der Räume mit durchlaufenden, schwarz glänzenden Regalflächen ausgestattet, die mit dem Weiß der dahinterliegenden Wände kontrastieren.

Ich schreite langsam durch die Gänge, vorbei an zwei Sonderpräsentationen von Stephen King sowie Mhairi McFarlane, deren Neuerscheinungen jeweils einen kompletten Tisch einnehmen, und sichte dabei das umfangreiche Sortiment.

Während auf der linken Seite ungarische Autoren und Klassikerausgaben vorrätig sind, an die sich in weiteren Regalen noch Sachbücher anschließen, hält der gegenüberliegende Raum Unterhaltungsromane, Krimis und Fantasyliteratur bereit.

Auf meinem Rundgang stelle ich fest, dass sich die Covergestaltung in Ungarn offenbar deutlich von anderen europäischen Ländern unterscheidet, da sie hier weniger abstrakt ausfällt.

So verzichtet man bei Jojo Moyes beispielsweise auf die typischen Scherenschnittmotive und bebildert die Titel stattdessen mit Strand- und Seelandschaften, mit denen ich viel eher britische Historienromanzen assoziieren würde.

Alles eine Frage der Gewöhnung, denke ich – und entdecke just in diesem Moment, dass sich hinter der Rolltreppe noch ein weiterer Raum mit Kinder- und Jugendbüchern anschließt.

Dort angekommen, fällt mein Blick auf eine Regalwand, in der die Titel einer kompletten Buchreihe nebeneinander aufgereiht sind, die ich in diesem Fall ausnahmsweise schon anhand ihrer Cover erkenne: *Egy ropi naplója* entspricht Jeff Kinneys Bestsellerserie *Gregs Tagebücher* ... wenigstens auf *einen* Titel ist in puncto Wiedererkennungswert Verlass.

Inmitten der Abteilung räumt eine junge Buchhändlerin Bücher in Regale, wobei es beinahe den Anschein erweckt, als würde sie jedem Titel behutsam über das Cover streichen, bevor sie ihn ins Regal entlässt. Vermutlich neu eingetroffene Titel.

»Entschuldigung«, spreche ich sie an, woraufhin ihr Kopf zu mir herumschnellt.

»Ja bitte?«

Ich erzähle ihr von meiner Reise und versuche dabei, mich nicht von ihren stahlblauen Augen aus dem Konzept bringen zu lassen.

»Oh! Ich freue mich sehr, dass du auch zu uns gekommen bist«, strahlt sie mich an – und führt mich zurück in den vorderen Gebäudeteil, wo wir vor der Rolltreppe zum Stehen kommen.

Ich erfahre, dass es sich bei Alexandra Könyvesház um eine größere ungarische Buchhandelskette handelt und dass dieses Gebäude aus dem 19. Jahrhundert stammt, in dem es zunächst ein Kasino beherbergte.

»Dann wurde es teilweise umgebaut«, sagt die Buchhändlerin und zeigt bedeutungsvoll nach oben, wo sich der Mittelteil des Book Cafés als Atrium entpuppt: Der Raum ist oberhalb der Bernsteinleuchter komplett offen gestaltet und erlaubt einen freien Blick bis hinauf zur Glaskuppel der fünften Etage.

Die oberen Stockwerke, von denen nur noch das erste zur Buchhandlung gehört, während darüber eine Galerie sowie mehrere Bürogebäude ansässig sind, weisen in der Mitte allesamt eine trapezförmige Brücke auf, die von einer Seite zur anderen hinüberführt und somit nicht nur einen praktischen Nutzen, sondern zugleich auch eine großartige Aussicht bietet.

»Später wurde aus dem Kasino das Pariser Kaufhaus«, fährt die Buchhändlerin fort und erinnert mich damit an die Fassadenaufschrift. »Nach einem mehrjährigen Umbau ist dies nun seit ungefähr sechs Jahren unsere Heimat«, resümiert sie schließlich und deutet mir mit einem Fingerzeig an, ihr in Richtung des oberen Stockwerks zu folgen.

Dort findet sich eine große Musik- und Filmabteilung, die zudem Fachbücher sowie fremdsprachige Literatur anbietet.

Das Prunkstück ist dabei aber zweifellos ein weiterer Raum, der sich im hinteren Teil befindet und zu dem ein paar Treppenstufen emporführen, auf denen gerade dichtes Gedränge herrscht.

»Eine Touristengruppe«, sagt die Buchhändlerin entschuldigend und fügt amüsiert hinzu: »Wir sind eine beliebte Endstation für Stadtführungen.«

Als sich das Gedränge wenige Augenblicke später auflöst und auch wir durch die Eingangstür treten, kann ich kaum glauben, was ich da sehe: Wir befinden uns in einem Ballsaal, der zu einem Café umfunktioniert wurde und in jedem seiner Details geradezu majestätisch anmutet.

»Die Lotz Halle, benannt nach ihrem Künstler Károly Lotz«, sagt die Buchhändlerin, während ich meinen Blick begeistert umherschweifen lasse: Die hohe, ausgewölbte Decke ist sowohl mit Gemälden der Romantik als auch mit Ornamentformen dekoriert, wobei sämtliche Elemente mit Gold verziert sind und somit den gesamten Raum zum Leuchten bringen. Dazu tragen auch die Wände bei, die mit einem umlaufenden Mäander, zahlreichen

Gemälden und weiterem Goldschmuck ausgestaltet sind und das Café zu dem abrunden, was es ist: ein Gesamtkunstwerk.

Unter den beiden Kronleuchtern – natürlich ebenfalls goldverziert – haben sich aktuell rund einhundert Gäste eingefunden, um einen Kaffee, ein Stück Dobostorte oder weitere Dessertköstlichkeiten zu genießen und sich dabei angeregt miteinander zu unterhalten.

Im hinteren Teil des Raumes tanzen zwei Paare, ältere Herrschaften, zur seichten Chanson-Musik, für die ein Pianist auf einem höhergelegenen Podest sorgt, und rühren mich damit nachhaltig: Mit leicht gekrümmten Rücken und kaum merklichen Bewegungen wandeln sie langsam über das Parkett des ehemaligen Ballsaals und strahlen dabei eine solch liebevolle Vertrautheit aus, dass ich mit einem Mal an eine beinahe vergessene Lektüre erinnert werde: In *Eine exklusive Liebe* zeichnet Johanna Adorján die Geschichte ihrer Großeltern nach, die als ungarische Juden den Zweiten Weltkrieg überlebten und eine solch große und respektvolle Liebe füreinander empfanden, dass sie sich bis zum letzten Tag ihres Lebens siezten.

Als kurz darauf die nächste Touristengruppe ins Café drängt, kehren wir ins Erdgeschoss zurück, wo ich mich für die kleine Rundtour bedanke und die Eintausendsiebenhundert-Quadratmeter-Buchhandlung schließlich wieder in Richtung Andrássy-Boulevard verlasse.

Ich gehe die Hauptstraße bis ans südwestliche Ende hinunter, wo sie direkt auf ein Parkgelände zuführt, in dem sich hinter Pavillons, Büdchen und Bars ein Riesenrad anschließt, das in der Abendsonne vor dem Horizont kreist.

Ich ignoriere den Eisverkäufer und biege stattdessen linksseitig in eine kleine Seitenstraße des Jüdischen Viertels ein, die mich geradewegs zu meinem nächsten Ziel führt:

ATLANTISZ KÖNYVSZIGET BOOK ISLAND

Die Buchhandlung liegt genau an der Straßenecke Király und Anker köz und besticht durch eine auffallend edle Fassade. Das goldgelbe Mauerwerk, das in diesem Viertel alle Gebäude ziert, wird hier von schwarzen, hochglänzenden Platten abgesetzt, die in goldenen Lettern mit dem Namen der Buchhandlung beschriftet sind. Dazwischen und darunter sind schwarz eingefasste Panoramafenster eingelassen, die über zwei Etagen verlaufen und von denen auf mittlerer Höhe dunkelgrüne Markisen abgehen. Oberhalb davon finden sich kleine Rundleuchten im Stile antiker Straßenlaternen an der Fassade, wodurch das elegante und einladende Äußere der Buchhandlung perfekt abgerundet wird.

Auch im Inneren der Buchhandlung setzt sich dieses Bild nahtlos fort: Als ich durch die Glastür schreite, empfängt mich sogleich ein angenehmer, leicht holziger Geruch, der seine optische Entsprechung in Form des dunklen Eichenholzparketts und zweier ebenso dunkler Bücherwände wiederfindet. Die Buchhandlung besteht aus nur einem Raum, der in Form einer Galerie gestaltet ist und somit über zwei Ebenen verfügt. Während sich die großen, dunklen Bücherregale auf beiden Etagen an der hinteren Längswand anschmiegen, finden sich auf der Fläche allerhand Drehständer sowie massive Holztische, in die wiederum Regalmodule integriert sind. Darüber hängen grüne Lampenschirme von der rund sechs Meter hohen Decke, die mich ein wenig an den Stil von Daunt Books erinnern und den Raum unaufgeregt mit Licht ausfüllen.

In Nähe eines schmalen Treppenaufgangs befindet sich ein Kassentresen. Der Buchhändler dahinter mustert mich neugierig. Als ich mich und mein Reiseprojekt vorstelle, schreit er förmlich auf vor Begeisterung. Anschließend fährt er sich schnell mit der Hand über sein kurzes braunes Haar und scheint damit seine

Gedanken in Ordnung bringen zu wollen, bevor er – nun etwas ruhiger – sagt: »Ich bin Galkó. Darf ich dich herumführen?«

Ich nehme das Angebot dankend an, und so erfahre ich, dass Atlantisz Book Island eine überaus beliebte akademische Buchhandlung ist, die im Volksmund auch *Intellectual Book Island* genannt wird. Dabei hat sie sich zum Ziel gesetzt, für eine schnelle und zuverlässige Verfügbarkeit von sozial- und geisteswissenschaftlichen Titeln innerhalb Budapests zu sorgen, die gut achtzig Prozent des Sortiments ausmachen.

Wie Galkó mir erklärt, beschränkt man sich hierbei jedoch nicht nur auf Bücher in der Landessprache, sondern bezieht auch fremdsprachige Literatur mit ein.

Diese wird in der Originalsprache oder in Ausgaben des hauseigenen Verlags angeboten, der für entsprechende Übersetzungen sorgt. Neben englischen Texten hat man sich dabei auf deutsche Literatur spezialisiert, sodass sich nicht nur Originalausgaben von Goethe, Rilke und Stifter im Atlantisz-Sortiment finden, sondern zu meiner Überraschung auch eine ungarische Ausgabe von Klaus Wagenbachs *Kafkas Prag*.

»Hast du irgendeinen Favoriten unter all den Buchhandlungen, die du auf deiner Reise schon besucht hast?«, fragt mich Galkó, während ich durch die angrenzende Abteilung mit fiktionaler Literatur stöbere.

»Nein«, antworte ich lachend, »ich glaube, dass man die Buchhandlungen gar nicht miteinander vergleichen kann; jede ist auf ihre Art besonders.«

Just in diesem Moment entdecke ich Neil Gaimans *American Gods*, das ich aus dem Drehständer nehme. »Mit einem Zitat aus diesem Buch war zum Beispiel ein Schaufenster in Amsterdam beschrieben«, fahre ich fort, »*das* finde ich faszinierend … wie sich im Laufe der Reise immer wieder der Kreis schließt und die Buchhandlungen länderübergreifend miteinander verbindet.«

Galkó nickt und ergänzt: »Ja, das kann ich sehr gut verstehen. Ich glaube, wir sollten viel öfter miteinander reden und uns austauschen. Ich habe zum Beispiel mal die britische Buchhändlerin und Autorin Jen Campbell angeschrieben und sie eingeladen. Kennst du sie?«

»Siehst du«, erwidere ich und muss wieder lachen, »da haben wir es wieder: Ich habe vor meiner Reise ebenfalls mit ihr gemailt und sie nach Buchhandlungszielen in Europa gefragt, die sie mir ans Herz legen würde.«

Am Ende meines Besuchs besteht Galkó darauf, mir zum Andenken noch ein T-Shirt aus der Philosophenkollektion von Atlantisz zu schenken. Ich bekomme das Modell »Platon«.

»Falls es dich noch einmal nach Budapest verschlägt: Rund um den Welttag des Buches findet hier immer die Little Book Night statt, wo alle Buchhandlungen bis Mitternacht geöffnet haben und verschiedene Veranstaltungen durchführen.«

»Ich merk's mir mal vor. Vielleicht kommt dann ja auch Jen Campbell mit.«

Galkó lacht, und ich verabschiede mich in Richtung Hauptbahnhof, den ich gegen achtzehn Uhr dreißig erreiche.

Nachdem ich eine Nummer vor der hoffnungslos überfüllten Wartehalle gezogen habe, beobachte ich für eine Weile, wie schnell beziehungsweise langsam die Passagiere an den Fahrkartenschaltern abgefertigt werden: drei Minuten, fünf Minuten, fünf Minuten. Ich schaue noch einmal auf meinen Zettel und dann zur Anzeigetafel hinauf. Wenn das Tempo in dieser Form beibehalten wird, komme ich – mit etwas Glück – am nächsten Morgen an die Reihe. Dementsprechend breche ich die Warterei an dieser Stelle ab, hole meinen Trolley aus dem Schließfach und versuche mein Glück auf dem Bahnsteig. Und tatsächlich: Auf meine Nachfrage werde ich direkt an den Chefkontrolleur des Nachtzuges verwiesen, der mir eine Einzelkabine inklusive Bett und Dusche anbietet.

Begeistert schlage ich sofort zu – nichtsahnend, dass die Zugfahrt noch einige Überraschungen für mich bereithalten wird.

Als ich am nächsten Morgen aufwache, liegen bereits mehrere nächtliche Passkontrollen hinter mir. Beim Versuch aufzustehen, stoße ich mit dem Kopf gegen den Metallrahmen meines Betts und taumele leicht benommen in Richtung des kleinen abgetrennten Raumes, der das Badezimmer darstellt.

Ungünstiger kann der Tag wohl nicht beginnen, grummele ich in Gedanken – und werde gleich im nächsten Moment eines Besseren belehrt: Die Dusche funktioniert nicht.

Auf die Enttäuschung folgt jedoch ein Geistesblitz, um den mich selbst MacGyver beneidet hätte: Ich krame eine Plastiktüte aus meiner Tasche, steche ein paar kleine Löcher hinein und befülle sie im Waschbecken mit Wasser. Anschließend springe ich damit in die Duschkabine und hänge sie an der entsprechenden Halterung auf; das ganze Prozedere wiederhole ich anschließend noch einige Male.

Zurück in der Kabine, setze ich mich ans Fenster, hinter dem Felder und Waldlandschaften vorüberziehen.

In dem Grün und Braun entdecke ich immer wieder einfachste Häuser und originäre Hütten, vor denen teilweise Feuer gemacht oder Wäsche ausgeklopft wird. Aus den Tälern steigt Nebel in den Morgenhimmel empor – und während die Landschaft sehr satt und reich an Farben ist, erscheint alles andere daneben heruntergekommen und trist.

... SCHON GELESEN?

Empfehlenswertes ungarischer Autoren:
Kurze Geschichte von der ewigen Liebe, Szilárd Rubin
Fieber am Morgen, Péter Gárdos
Verlockung, János Székely
In der Bibliothek, Antal Szerb
Roman eines Schicksallosen, Imre Kertész
Befreiung, Sándor Márai
Die Abenteuer des Kornél Esti, Dezső Kosztolányi

Schmökern unterm Lichterkarussell oder eine Buchhandlung für eine Nacht

11. Kapitel

RUMÄNIEN

Im Cărturești Carusel vermischt sich das helle Tageslicht mit dem Licht hunderter Halogenspots. Aus diesem Grund wird es auch »The Carousel of Light« genannt.

Im Grunde mache ich es hier in **Bukarest**, der Hauptstadt Rumäniens, nicht viel anders als bisher auf meiner Reise, wenn ich eine neue Stadt erreiche. Nachdem ich den Bahnhof Gara de Nord erreicht habe und an der Wechselstube ein paar Euro in Lei getauscht habe, buche ich ein nahe gelegenes Hotel.

Auf dem Weg dorthin weicht meine neugierige Freude jedoch im Angesicht der Trostlosigkeit, die mir begegnet: Es reiht sich ein verwitterter grauer Plattenbau an den nächsten. Und die Menschen, die mir in diesem Viertel begegnen, haben dem nichts entgegenzusetzen: Ihre Blicke sind leer, und ihre sonnengegerbte Haut wirkt beinahe so, als wäre sie mit einer grauen Schicht aus Staub und Schmutz überzogen.

Als ich es mit einem Lächeln versuche und nichts zurückkommt, geht mir das Ganze wirklich ans Herz: Der traurige Schleier, der sich in diesem Viertel über alles und jeden legt, lässt selbst die Sonne wirkungslos zurück.

Nach einer Dusche im Hotel studiere ich zunächst den Stadtplan und fahre anschließend mit der Metro ins Zentrum von Bukarest, wo mich ein gänzlich anderes Stadtbild erwartet: Gleich gegenüber dem Sfântu Gheorghe Park, der für etwas Grün im Inneren der Stadt sorgt, geht eine prächtige Einkaufspassage von der Hauptstraße ab und führt in die historische Altstadt.

Neben Cafés, Bars und Boutiquen entdecke ich auch schon mein erstes Tagesziel:

CĂRTUREŞTI CARUSEL

Auf diese Buchhandlung war ich erst kürzlich durch einen Bericht im Internet aufmerksam geworden, zumal es sie hier erst seit wenigen Monaten gibt. Dabei sticht das Gebäude, das die Cărtureşti Carusel Buchhandlung beheimatet, nochmals aus der architektonisch ohnehin sehr ansprechenden Fußgängerzone heraus: Eine gut acht Meter hohe und mindestens ebenso breite Glasfront, die nach oben oval zusammenläuft, wird von einem großen Rundbogen eingefasst, der mit Kacheln aus hellem Naturstein besetzt ist. Der obere Rand des Rundbogens wird von feinen Ornamentkunstwerken verziert, in die ein Wappen integriert ist und die von einem schmalen Erker im Dachgeschoss überthront werden. Etwa auf mittlerer Höhe der Glasfront ist ein weißer Balken in Längsrichtung eingezogen, auf dem in der Landessprache »Bücher, Tee, Musik, Zubehör« geschrieben steht – ringsherum funkelt ein Meer aus warm-weißen Halogenspots durch die Fensterscheibe.

Im Inneren der Buchhandlung setzt sich der feine Gesamteindruck fort: Während die Böden und Regalbretter der Buchhandlung aus edlem Eichenholz gefertigt sind, erstrahlt der Rest in einem makellosen Weiß. Der Raum verfügt über insgesamt fünf Galerieebenen – dazu kommt noch das Untergeschoss, in dem es vor allem DVDs, CDs sowie diverse Technik-Gimmicks gibt.

An den Unterseiten der Galerien, zu denen kleine, verschnörkelte Wendeltreppen emporführen und die im Innenbereich von weißen Pfeilern gestützt werden, sind Hunderte Spots in unterschiedlichen Größen eingelassen, die – im Zusammenspiel mit dem Glasdach des Gebäudes – dafür sorgen, dass Cărtureşti seinem Beinamen mehr als gerecht wird: *The Carousel of Light*.

Während sich im oberen Stockwerk, direkt unterhalb der gläsernen Kuppel, das hauseigene Café befindet, breitet sich auf den anderen Etagen das Vollsortiment von Cărtureşti aus: zehntausend Titel, die allesamt frontal präsentiert werden.

Unter den Klängen leiser Popmusik, die aus den Lautsprechern der Regale dringt, wandeln hier unzählige Kunden über die Flächen und stöbern in den ausgestellten Büchern.

Ich wende mich hingegen dem Kassentresen zu, der mit gleich drei Buchhändlerinnen besetzt ist, und stelle mein Reiseprojekt in aller Kürze vor. Die jungen Frauen zeigen sich sofort begeistert, und eine von ihnen, Bianca, lädt mich auf eine kleine Rundtour ein.

Im Gegensatz zur Buchhandlung ist an Bianca alles dunkel und – hier schließt sich der Kreis wieder – voller Wärme und Eleganz. Ihr Haar ist mokkabraun und schulterlang, während ihre Augen tiefschwarz funkeln und jedem Wort, das sie spricht, Nachdruck verleihen. So erzählt sie mir, dass das Unternehmen noch sehr jung ist und erst im Jahre 2000 von Nicoleta Dumitru und Şerban Radu gegründet wurde; heute verfügt man bereits über 18 Buchhandlungen.

Einen Grundbestandteil der Firmenphilosophie bildet die soziale Verantwortung, der man unter anderem in Form des Projekts Cărtureşti ROD (*Romanian Design*) nachkommt: Seit 2011 gibt es eine feste Zusammenarbeit zwischen Cărtureşti und rumänischen Künstlern, die vor allem zum Ziel hat, Produkte aus der Heimat in den Fokus zu rücken, statt billige Importe aus Fernost anzubieten.

Gleichzeitig gibt es eine eigene Fair-Trade-Linie, bei der die Hersteller der T-Shirts, Taschen und weiterer Textilien, die hier auf der ersten Etage angeboten werden, namentlich auf dem Etikett genannt werden.

Die größte Besonderheit ist jedoch, dass jede Buchhandlung der Cărtureşti-Kette absolut individuell gemäß dem Charakter des Hauses und der Räume ausgestaltet ist.

Auf diese Weise hat man sich inzwischen ein gewisses Renommee erarbeitet, das auch von anderen Unternehmern geschätzt wird und manchmal besondere Möglichkeiten eröffnet.

Beim Cărtureşti Carusel handelt es sich beispielsweise um ein ehemaliges Bankgebäude aus dem 19. Jahrhundert, das inzwischen wieder in den ursprünglichen Familienbesitz übergegangen ist.

Nachdem Jean Chrissoveloni, Urenkel des Gründers, die Immobilie zuletzt aufwendig und stilgetreu für einen Millionenbetrag hatte renovieren lassen, begeisterte er sich für das Cărtureşti-Konzept einer Buchhandlung in seinem Gebäude, obwohl eine (weitere) Edelboutique in dem Viertel kurzfristig sicherlich ertragreicher gewesen wäre.

»Wahnsinn«, sage ich, als Bianca davon erzählt, »das war wirklich eine unglaublich gute Entscheidung.«

»Ja, das finden wir auch«, entgegnet sie, »wenn du magst und Zeit hast, dann schau doch unbedingt noch bei Cărtureşti Verona hier in Bukarest vorbei. Die Buchhandlung ist ganz anders als diese – und doch ebenfalls besonders schön.«

»Klingt großartig ... Ich werde es versuchen«, antworte ich und bedanke mich für die persönliche Führung. »Danke für deinen Besuch«, entgegnet Bianca – und als sie mir zum Abschied die Hand reicht und dazu ein schüchternes Lächeln schenkt, möchte ich am liebsten noch ein wenig bleiben und mich weiter unterhalten. Doch nicht nur Schüchternheit, sondern auch das drängende Ende meiner Reise lassen mich weiterziehen.

Zurück in der Fußgängerzone, folge ich der Strada Lipscani in Richtung Nordwesten, wo ich zunächst die Nationalbank passiere, bevor ich den Boulevard Regina Elisabeta erreiche.

Die vierspurige Hauptstraße grenzt hier an ein weitläufiges Parkgelände und ist von prachtvollen Geschäftsgebäuden gesäumt, die sich – allen Modernisierungen zum Trotz – den Charme der Altstadt bewahrt haben. Die grauen und beigen Fassaden sind mit allerhand Verzierungen ausgestattet und beeindrucken dabei ein ums andere Mal mit raffiniert konstruierten Kuppeldächern.

Nur wenige Meter vom Cişmigiu-Park entfernt, schließt sich ein fünfstöckiges Haus an, das besonders auffallend gestaltet ist: Die hellgraue Sandsteinfassade ist im Bereich des oberen Stockwerks mit dunklen Dachziegeln verkleidet, was dem Gebäude in der äußeren Betrachtung den Anschein verleiht, als wäre es eine flache, zweidimensionale Fläche.

Während sich in den Obergeschossen sowie im linken Teil des Gebäudes ein Luxushotel befindet, wartet im Parterre des Mittelteils bereits die nächste bibliophile Anlaufstelle auf mich:

LIBRĂRIA HUMANITAS DE LA CIŞMIGIU

Die drei Schaufenster sowie der Eingangsbereich sind mit schwarzen Rahmen versehen und werden im oberen Teil von je einem Schild abgeschlossen, das den Namen der Buchhandlung in einer leicht goldgelben Reliefschrift trägt.

Links- und rechtsseitig des Eingangs sind zwei orangefarbene Tafeln an der Fassade angebracht, die einen stilisierten Fischschwarm zeigen, darunter steht abermals der Name der Buchhandlung.

Als ich eintrete, scheint gerade eine Veranstaltung im Gange zu sein – jedenfalls befinden sich rund sechzig Besucher in dem gut dreihundert Quadratmeter großen Raum, die in der Mehrzahl auf weißen Klappstühlen Platz genommen haben und sich ihren Schreibblöcken widmen.

Somit bin ich beinahe der einzige Gast, der sich *nicht* mit dem Schreiben beschäftigt, sondern die Buchhandlung für sich entdeckt – und das lohnt sich in diesem Fall ganz besonders:

Die Librăria Humanitas zeichnet ein moderner Loftcharakter aus, und sie lässt sich dabei in zwei Bereiche untergliedern: Der eine Teil der Buchhandlung ist etwas schmaler und umfasst ein kleines Café, das sich an die Reise- und Kunstbuchabteilung anschließt, die im Moment zur Veranstaltungsfläche umfunktioniert ist. Daneben – im wesentlich größeren Teil – sind alle weiteren Abteilungen beheimatet, die man hier erwarten darf: Sowohl in den umlaufenden Regalwänden als auch inmitten des Raumes, wo gut dreißig doppelstöckige Präsentationstische ausgestellt sind, findet sich eine vielfältige Titelauswahl, die von wissenschaftlichen Abhandlungen und rumänischer Literatur bis zu fremdsprachigen Jugendbüchern, Musik-CDs und zahlreichen Teesorten reicht.

Dabei setzt auch die Librăria Humanitas de la Cişmigiu auf eine durchweg helle und moderne Optik, die mir ausgesprochen gut gefällt. Große Lichtkuben an der Decke, die wie umgekehrte Schiffskörper anmuten, verströmen ein warmes, gleichmäßiges Licht im Raum. Während die Regalböden sowie die Tische aus hellem Holz bestehen, sind die durchgängig weißen Wände mit goldenen Illustrationen verziert, die offenbar in minutiöser Handarbeit aufgetragen wurden und wunderbar mit den Holz- und Weißtönen des Interieurs harmonieren.

Ich stöbere einmal durch das komplette Sortiment und bemerke dabei nicht nur, dass vor allem die Jugendbücher häufig das gleiche Covermotiv wie ihr deutschsprachiges Pendant verwenden, sondern dass es auch zahlreiche Titel gibt, die scheinbar

Die großen, ovalen Lichtkonstruktionen erinnern an umgekehrte Boote und sorgen mit den übrigen Lampen für ein angenehmes Licht.

von einem Humanitas-eigenen Verlag herausgegeben wurden. Die Bestätigung hierfür erhalte ich prompt, als ich mit einer der Buchhändlerinnen ins Gespräch komme. Von ihr erfahre ich, dass Humanitas sowohl ein Verlag als auch eine bekannte Buchhandelskette innerhalb Rumäniens ist.

Die Librăria Humanitas de la Cişmigiu hat erst vor knapp drei Jahren eröffnet, nachdem das Gebäude, bei dem es sich übrigens um das erste Bauwerk des Boulevards Regina Elisabeta handelt, zuvor mehrere Jahre lang umgebaut sowie umfassend modernisiert wurde. Nun zieht man vor allem das junge Publikum an und richtet regelmäßig Lesungen, Ausstellungen und sonstige Veranstaltungen aus.

»Jetzt gerade findet hier zum Beispiel ein Schreibkurs statt«, verrät mir die Buchhändlerin, »er heißt: *Write about yourself.*«

»Wie kommt es dazu?«, frage ich die Buchhändlerin.

»Wir verstehen uns ganz grundsätzlich als kultureller Treffpunkt«, entgegnet sie – und fügt dann augenzwinkernd hinzu: »Außerdem ist der Humanitas-Gründer ebenfalls Schriftsteller: Gabriel Liiceanu.«

Abschließend mache ich – mit Einverständnis der Buchhändlerin – noch ein paar Fotos von der Librăria. Als ich dabei nach draußen gehe, um auch die Fassade zu fotografieren, folgt mir eine junge Frau.

»Ich hab das gerade zufällig mitgehört«, sagt sie zögerlich und blickt sich dabei verstohlen in Richtung des Schaufensters um, als wolle sie mir ein Geheimnis verraten. Dann fährt sie fort: »Das Projekt klingt wirklich toll. Ich finde, du solltest aber unbedingt auch Cărtureşti Verona besuchen. Es ist meine Lieblingsbuchhandlung in Bukarest.«

»Ha!«, erwidere ich lachend. »Genau *das* habe ich gerade schon einmal gehört«, und ich sehe für einen Moment noch einmal Biancas schüchternes Lächeln vor mir. »Dann werde ich das heute wohl tatsächlich noch machen.«

Nur wenige Minuten später bin ich den Magheru-Boulevard, eine der Hauptverkehrsstraßen Bukarests, bis auf Höhe des Patria Cinema hinuntergelaufen, das in einem turmhohen taubengrauen Eckgebäude gelegen ist. Während alle weiteren Häuser, die unmittelbar an die siebenspurige Schnellstraße angrenzen und Hotels, Cafés, Supermärkte oder schlichtweg Wohnflächen beheimaten, sich über mehrere Stockwerke in die Höhe erstrecken, schließt sich gegenüber dem Kino ein kleiner Park an, der von allerlei Bäumen gesäumt ist. Im hinteren Teil, beinahe schon etwas versteckt, ist eine Villa gelegen, die sandfarben in der warmen Abendsonne erstrahlt:

CĂRTUREŞTI VERONA

Unterhalb des Flachdachs ist die Fassade mit feingliedrigen Ornamenten und Pilastern geschmückt, die im Bereich der

Eingangstür vom klassischen Blütenmotiv in kleine Engelskulpturen übergehen. Dazwischen ist eine Tafel abgebildet, die das Baujahr des Hauses ausweist: 1883.

Die schwere massive Eichentür ist in einen Torbogen eingefasst, zu dessen beiden Seiten jeweils die Flagge Rumäniens in der Fassade verankert ist, und über dem Torbogen findet sich ein Schriftzug mit dem Namen der Buchhandlung: Cărtureşti.

Zunächst einmal erinnert mich aber gar nichts an die Schwesterbuchhandlung aus der Altstadt: Cărtureşti Verona bietet keinen offen angelegten Raum in makelloser Hochglanzoptik, sondern wirkt klein, verwinkelt und urig. Die Holzdielen knarren unter meinen Schritten ein wenig, und an die beigen Wände schmiegen sich dunkle Eichenholzregale, die mir einen wohligen Duft von Vanille in die Nase treiben.

Am Kassentresen begrüßt mich Olivia, die sich sichtlich über die Geschichte hinter meinem Besuch freut. Sie bestätigt Biancas Ausführungen und berichtet mir, dass sich die Villa aus dem 19. Jahrhundert eigentlich im Familienbesitz der aristokratischen Sturdzas befindet. Zu ihnen zählt auch ein Architekt, der auf der Suche nach einem besonderen Nutzungskonzept für dieses Gebäude war und sich schließlich für das Cărtureşti-Projekt entschied. Dementsprechend eröffnete man hier 2003 eine Buchhandlung, die sich komplett danach richtet, was ihr architektonisch vorgegeben wird.

»Jeder Raum ist eine neue Welt«, lacht Olivia, »und wir haben gleich 15 davon. Schau dich gern um.«

Ich lasse mich nicht lange bitten und stelle fest, Olivia hat keineswegs zu viel versprochen – im Gegenteil: Jeder Raum bietet eine neuerliche Überraschung, wobei Optik und Sortiment inhaltlich optimal miteinander verschmelzen. So stoße ich im Untergeschoss auf einen Weinkeller mit Fachliteratur – und die Kochbuchabteilung ist in jenem Raum beheimatet, in dem sich eine Küche aus früheren Zeiten befindet. Zwischen Rezeptbüchern, Schürzen und Besteck gehört hier ein antiker Holzfeuerofen zur Einrichtung.

Des Weiteren stellt ein lichtdurchfluteter Raum das Atelier für rumänische Künstler dar (Cărtureşti ROD), und die Natur-, Freizeit- und Kunstbuchabteilung ist wie ein gemütlicher Gartenpavillon ausgestaltet: Von der naturbelassenen Gewölbedecke hängen hier Lampenschirme aus Messing herab, während zahlreiche Sitzgelegenheiten den mit Büchern ausgestellten Tisch säumen.

Im Erdgeschoss grenzt gar ein Teesaal an die Buchhandlung an, der im weiteren Verlauf in eine Gartenterrasse übergeht und für garantierte Stille und Abgeschiedenheit inmitten der Großstadt sorgt.

Dass der Tee grundsätzlich eine große Rolle bei Cărtureşti spielt, zeigt sich aber nicht nur an diesem Salon sowie am Logo des Unternehmens, das ein Buch mit einem Henkel darstellt, sondern zusätzlich auch in der ersten Etage: Auf der weitläufigen Ebene findet sich viel Kunsthandwerk, zu dem auch besondere Tassen sowie die passenden Teesorten zählen, die man hier für den heimischen Genuss erstehen kann.

Als ich beinahe schon glaube, alles gesehen zu haben, entdecke ich, dass aus dieser Etage nochmals eine schmale Treppe emporführt, an deren Seiten sich bunte Lampions ans Geländer anschließen. Die Stufen reichen geradewegs in einen großen Raum, der mich bei Betreten staunend innehalten lässt: Direkt unter dem Dach des Gebäudes ist eine Art Scheune gelegen, deren Decke, Wände und Möbel ausschließlich aus Holz bestehen. An der höchsten Stelle ist diese Ebene mindestens zehn Meter hoch – und zwischen all den Schränken mit Büchern und Spielwaren finden sich Kletterseile und kleine Höhlen, was die gesamte Abteilung zu einem wunderbaren Abenteuerspielplatz macht. Ich beobachte eine Weile, wie zwei Kinder vergnügt in den Gängen herumtollen und Fangen spielen, während die Eltern sich einem Regal mit großformatigen Bilderbüchern widmen.

»Pscht«, versucht sich der Vater kurzfristig an einer Erziehungsmaßnahme – kann aber selbst nicht ernst bleiben, als er den nächsten freudigen Ausruf seiner Kinder vernimmt.

Wie großartig, denke und sage ich, als in nach unten zurückkehre und von Olivia nach meinen Eindrücken gefragt werde: »Ohne Übertreibung – diese Buchhandlung ist wirklich wunderschön – und ich kann nun sehr gut nachvollziehen, warum sie überall so beliebt ist. Die Kinder würden doch am liebsten über Nacht bleiben, oder?«

»Oh ja«, grinst Olivia, »das ist sogar schon passiert.«

Nachdem ich mich verabschiedet habe, laufe ich den großen Boulevard in südliche Richtung entlang und versuche mir auszumalen, was für ein gewaltiges Erlebnis das für ein Kind sein muss:

»Nur noch fünf Minuten, Mama!« Die Kinderabteilung im Obergeschoss kommt einem Spieleparadies nahe.

Du suchst dir ein gutes Versteck und hoffst mit Herzklopfen darauf, dass dich die Buchhändler auf ihrer Feierabendrunde nicht erwischen. Im besten Fall hast du es dann geschafft: die Buchhandlung über Nacht. Nur für dich. Du wirst lesen und spielen – und irgendwann mit einem breiten Lächeln zwischen Autos, Plüschtieren und ganz vielen Büchern einschlafen, bevor dich am nächsten Morgen ein Buchhändler aus bunten Träumen zurückholt.

Mich weckt am nächsten Morgen nicht einmal mein Handy, sodass ich mich ausgeschlafen an die detaillierte Tagesplanung mache. Mein Urlaub, meine große Reise, geht bald zu Ende ... Doch statt sie sanft ausklingen zu lassen, zieht es mich noch nach Griechenland. Von Bukarest aus entspräche das jedoch einer Fahrzeit von knapp dreißig Stunden mit dem Zug.

Aus diesem Grund entscheide ich mich kurzerhand dazu, den Flughafen Henri Coandă anzusteuern und die Weiterreise mit dem Flieger in Angriff zu nehmen.

Während ich auf den Flieger nach Athen warte, trabt auf einmal eine Gruppe Sportler an mir vorbei. Einer der Sportler kommt mir verdächtig bekannt vor, sodass ich mein Handy zücke und das Internet nach dem aktuellen Verein der Person befrage, die ich dahinter vermute. Und tatsächlich: Sascha Kirschstein, der vor gut zehn Jahren mit dem Hamburger SV in der Champions League spielte, wechselte vor wenigen Wochen zum rumänischen Erstliga-Aufsteiger ACS Poli Timişoara. Ich greife meine Sachen und folge den Sportlern in Richtung Bus, auf dem sich die direkte Bestätigung findet: »ACS Poli« steht auf einem Zettel geschrieben, der in der Windschutzscheibe hängt.

An der Fahrertür frage ich nach Sascha, der auf Zuruf des Managers nach vorn trottet und mich fragend ansieht. Als ich ihn auf Deutsch begrüße, lacht er auf und gibt mir die Hand, bevor er für einen kurzen Plausch zu mir auf den Parkplatz hinaustritt. Sascha erzählt mir, wie es zu dem Wechsel zu Timişoara kam und dass seine Mannschaft morgen in Bukarest spiele; ich erzähle ihm von meiner Tour. Ich bin erstaunt, wie offen wir miteinander reden können. Aber vorher machen wir noch ein gemeinsames Selfie. Sonst glaubt mir das ja niemand.

… SCHON GELESEN?

Empfehlenswertes rumänischer Autoren:
Das primäre Gefühl der Schuldlosigkeit, Dana Grigorcea
Die schönen Fremden, Mircea Cărtărescu
Kyra Kyralina, Panait Istrati
Der Unfall, Mihail Sebastian
Wie man eine Frau vergisst, Dan Lungu
Warum das Kind in der Polenta kocht, Aglaja Veteranyi

Strahlendes Weiß und Hellas-Blau … ein Ort für Bücher, von dem man nie, nie wieder fort möchte

12. Kapitel

GRIECHEN LAND

»This is not done by jostling in the street.« Die Fassade von Atlantis Books ist ebenso individuell gestaltet wie der Rest der Buchhandlung.

Am späten Abend landet der Flieger in der griechischen Landeshauptstadt, wo die Sonne gerade untergeht und hinter dem Parnitha-Gebirge zu verglühen scheint, während sich der Rest des Himmels in ein immer dunkler werdendes Blau verwandelt.

Für mich geht es von hier aus mit der Metro in Richtung Stadtzentrum weiter, das ich gegen zweiundzwanzig Uhr erreiche und das mich gleich vollkommen für sich einnimmt. Als ich die Station Monastiraki verlasse, bin ich augenblicklich in **Athen** verliebt.

Die Bahnhofshalle führt geradewegs auf einen belebten Platz, der von den angrenzenden Cafés, Bars, Restaurants und Souvenirständen warm ausgeleuchtet wird. Es scheint ganz so, als würden Athener einen anderen Tagesrhythmus leben: Die gesamte Stadt ist in Bewegung und voller Leben – in sämtlichen Richtungen wird gerufen, geredet und gelacht. Ich drehe mich langsam zu allen Seiten und erfreue mich an dieser besonderen Atmosphäre, die schlichtweg ansteckend ist.

Als ich dann noch entdecke, was sich im Süden befindet, kommt endgültig der Tourist in mir durch: Sobald die Tzistarakis-Moschee aus dem Blickfeld verschwindet, hat man freie Sicht auf die Akropolis, die in höchstens zwei Kilometern Entfernung über der Stadt thront und dabei von innen ausgeleuchtet wird, sodass sie wie ein schützender Leuchtturm am Horizont wirkt.

Begeistert schieße ich ein paar Fotos, bevor ich mich schließlich aufmache, mein Hotel im Westen der Stadt zu beziehen.

Als ich am nächsten Morgen aufwache, wirkt das Glück des gestrigen Abends immer noch nach. Doch damit nicht genug: Als ich auf mein Handy blicke, erfährt es sogar eine Steigerung. Facebook benachrichtigt mich über die Freundschaftsanfrage von Bianca, meiner Lieblingsbuchhändlerin aus Bukarest ... was sollte das nur für ein Tag werden?

Um ja nichts zu verpassen, breche ich schon kurz darauf auf und schlendere die Athinas in nördliche Richtung hinauf.

Der dunkle Asphalt der Straße schwitzt in der Sommerhitze, während von den Fassaden der angrenzenden Geschäftshäuser lange Markisen im Stile von Rollos herabhängen und sowohl den Gehweg als auch die Erdgeschosse mit Schatten versorgen.

Zwei Querstraßen weiter habe ich bereits meine erste Anlaufstelle des Tages erreicht. Gegenüber der Griechischen Nationalbibliothek, die in einem mit Palmen und Zypressen bewachsenen Park beheimatet ist und mit ihrer weißen Marmorfassade geradezu makellos schön wirkt, befindet sich:

PAPASOTIRIOU

(inzwischen leider geschlossen)

Papasotiriou Panepistimiou ist erst kürzlich zu einer der fünfzig schönsten Buchhandlungen der Welt gekürt worden (Braun Publishing), was sich zumindest nicht im äußeren Erscheinungsbild niederschlägt. In der Straßenansicht wirkt die Buchhandlung nämlich vor allem eines: schlicht.

Im Erdgeschoss eines sandsteinfarbenen Gebäudekomplexes gelegen, besteht der Eingangsbereich aus einer leicht verspiegelten Glasfront, die sich über etwa acht mal sechs Meter erstreckt. Von dieser Glasfront setzt sich auf etwa halber Höhe eine rote Längstafel ab, die den Namen der Buchhandlung ausweist. Ich trete durch die automatisch aufschwebende Glastür hinein, wo ich sogleich meinen ersten Eindruck revidieren muss: Papasotiriou ist außergewöhnlich schön und hat mich direkt für sich gewonnen.

Das Foyer der Buchhandlung ist komplett offen gestaltet und nutzt die volle Höhe des Raumes, um eine unaufgeregte Wohlfühlatmosphäre zu schaffen: In diesem Bereich hängen vierzig bis fünfzig Rundleuchten auf unterschiedlicher Länge von der Decke und sorgen nicht nur für zusätzliches Licht, sondern zudem für eine spielerische Akzentuierung des offenen Raumes.

Zur linken Seite schließt sich ein langer Kassentresen an, hinter dem sich nicht nur zahlreiche Mitarbeiter um die Kunden kümmern, sondern die dahinterliegende Wand auch ein gestalterisches Meisterwerk bereithält – ein Fresko von Raffaels *Die Schule von Athen*. Es füllt die gesamte Längsseite aus und vereint die wichtigsten

Im Erdgeschoss zeigt sich, warum Papasotiriou zu den 50 schönsten Buchhandlungen der Welt zählt: Die Wand ist mit einem großformatigen Fresko von Raffaels Die Schule von Athen geschmückt.

griechischen Autoren, Philosophen und Wissenschaftler. Passenderweise schließt sich daran eine Abteilung mit den entsprechenden Werken an, auf die wiederum Essays, Bestseller und Krimis folgen. Dabei scheint die griechische Ausgabe von Bernhard Aichners *Totenfrau* gerade besonders hoch im Kurs zu stehen: Dem mysteriösen Thriller rund um die ermittelnde Bestatterin Blum ist gleich ein ganzer Tisch gewidmet. Ungefähr auf Höhe dieses Titels geht der anfangs offen gestaltete Raum in eine zweite Ebene über, was durch eine eingezogene Galerie zustande kommt, die von schwarzen Marmorpfeilern gestützt wird.

Während im Erdgeschoss Klassikerausgaben sowie Titel aus den Bereichen Belletristik, Geschichte und Philosophie angeboten werden, gibt es im Obergeschoss vor allem Technik-, Wirtschaft-, Sport- und Reisebücher. Dabei werden die Titel nicht nur in den ringsum verlaufenden Regalwänden ausgestellt, sondern zudem auf Rolltischen präsentiert, die aus Europaletten gefertigt sind. Im Obergeschoss finden sich zudem einige gemütliche Ledersessel, die größtenteils so an der Balustrade ausgerichtet sind, dass man den Eingangsbereich überblicken kann. Im Untergeschoss, zu dem eine schmale Treppe im rechten Teil des Foyers hinabführt, werden in erster Linie Kochbücher sowie Kinder- und Jugendliteratur angeboten, die von Ausmalbüchern über *Asterix* bis hin zu *Die Tribute von Panem* reichen.

Von einer jungen Buchhändlerin, der ich mich kurz vorgestellt habe, erfahre ich, dass es die Buchhandelskette seit Anfang der Achtzigerjahre gibt und sie seitdem eine rasante Entwicklung genommen hat: Während der Gründer, George Papasotiriou, zu Beginn mit einer Buchhandlung auf 25 Quadratmetern startete, war man später der erste Onlinebuchhändler Griechenlands und verfügte zu Hochzeiten über mehr als zwanzig Filialen. Doch dann folgte die Finanz- sowie Wirtschaftskrise und die Expansion wurde vorerst ausgebremst ...

Als ich mich gerade wieder von der Buchhändlerin verabschieden will, die ihre langen dunklen Haare ganz sorgfältig in der Mitte gescheitelt hat, entdecke ich ein selbst gestaltetes Bild im Postkartenformat, das seitlich am Informationsterminal angebracht ist. Es zeigt die Buntstiftzeichnung eines Mädchens, das Bücher in den Händen hält, darüber steht in krakeligen Großbuchstaben: *I LOVE BOOKS* und *KATERINA*.

»Ja, ich denke, das trifft auf uns alle zu«, kommentiert die Buchhändlerin meine Entdeckung – und wir müssen beide herzlich lachen.

Etwas später – ich habe nach Verlassen der Buchhandlung noch im Stadtzentrum etwas Proviant besorgt – fahre ich mit der Metro nach Piräus, ans südwestliche Ende der Stadt. Direkt hinter dem Bahnhofsgebäude nimmt mich der hiesige Seehafen in Empfang, für den es weder Anfang noch Ende zu geben scheint: Auf einer schier endlosen Länge liegen hier unzählige Schiffe und Boote an und treiben im sanften Wellengang des azurblauen Meeres. In einem der angrenzenden Reisebüros kaufe ich mir ein Ticket für eine der lokalen Schnellfähren, die schon kurz darauf ablegt.

Unter dem monotonen Brummen der Schiffsmotoren und des aufschäumenden Wassers sitzen wir an diesem Abend noch für einige Zeit und mit mehreren Passagieren auf der Außenterrasse des Schiffes, das auf einen glutroten Sonnenuntergang zusteuert, und genießen die frische Seeluft, die uns um die Nase weht.

Nur wenige Stunden später stellt sich indes heraus, dass die Schnellfähre ihrem Namen dabei nur bedingt gerecht werden konnte: Mit beinahe zwei Stunden Verspätung legen wir weit nach zweiundzwanzig Uhr am Hafen von **Santorini** an.

In weiser Voraussicht hatte ich mich bereits in Piräus über die Verkehrsanbindung auf der Kykladeninsel informiert und mir das mutmaßlich letzte (bezahlbare) Zimmer in Fira gesichert, wohin auch die Shuttlebusse aus dem Hafengebiet pendeln.

Die nächtliche Fahrt dorthin entwickelt sich zu einem echten Erlebnis: Die Küstenstraßen sind gänzlich unbeleuchtet und führen in schmalen sowie steilen Serpentinen an der westlichen Inselseite hinauf, wobei es nur uns und die Scheinwerfer des Busses zu geben scheint, die unsere Augen in der Nacht sind.

Gegen dreiundzwanzig Uhr erreichen wir den Busbahnhof von **Fira**, der nah am Zentrum dieser Gemeinde liegt. Im Gegensatz zu seiner Peripherie sind die schmalen Gassen, aus denen Gelächter und Musik dröhnen, strahlend hell ausgeleuchtet und locken mit Cafés, Diskotheken und Bars.

Ich schlängele mich mit meinem Trolley durch die Nachtschwärmer und über das holprige Kopfsteinpflaster – immer auf der Suche nach dem Hotel, für das mir keine eindeutige Adressangabe vorliegt. Nach einer großen Schleife durch die Innenstadt rinnt mir der Schweiß von der Stirn. Frustriert und etwas genervt halte ich an und blicke noch einmal auf das Handy und schaue mich um ... irgendwo hier muss es doch sein.

Ich frage mich schließlich bei den lokalen Ladenbesitzern durch und werde dabei immer weiter stadtauswärts gewiesen.

Um kurz vor Mitternacht habe ich das kleine Hotel, das deutlich abseits des Zentrums liegt, endlich erreicht. Kurioserweise rückt mein Schlafplatz damit zugleich in schier unerreichbare Ferne: Die Eingangstür ist verschlossen.

Ich klopfe, ich klingle, nichts tut sich.

Als ich mit meinem Trolley bereits auf die Terrasse hinübergegangen bin, wo ich mich für die Nacht auf eine Holzbank legen will, kommt ein weiterer Gast den Fußweg zum Hotel herabgelaufen.

Zu meinem großen Glück ist es ein Grieche, der sich ein wenig in der Region auskennt, und nach zwei bis drei Telefonaten den Hotelbetreiber am Handy hat.

Zehn Minuten später steht dieser mit einem Kombi vor dem Haus und entschuldigt sich für all die Umstände. Durch technische Unwägbarkeiten sei es zu einer Überbuchung des Hotels gekommen. Zum Glück habe er aber ein paar Verwandte, die ebenfalls Hotels auf der Insel betreiben.

Wir fahren also los und halten, nachdem zunächst der Grieche irgendwo abgesetzt wurde, gegen zwei Uhr vor einem weiteren Hotel, in dem ich mein Zimmer für die Nacht beziehe.

Was für ein verrückter Haufen, denke ich, als ich ins Bett falle. Nun habe ich zwar ein Zimmer, aber nicht die geringste Ahnung, wo ich mich überhaupt befinde.

Als ich am nächsten Morgen auschecken will, werde ich von Helen begrüßt, die blonde, lange Haare und auffallend grüne Augen hat. Sie geht mit mir auf den Vorplatz des Hotels hinaus und deutet mir den Weg in Richtung des Stadtzentrums, der deutlich einfacher und kürzer ausfällt, als es die Erinnerungen an die letzte Nacht erahnen ließen.

Nachdem ich meinen Trolley an einer Aufbewahrungsstation abgegeben habe, fahre ich mit dem Bus in Richtung Norden hinaus. Unter den Klängen griechischer Popmusik, die aus dem Radio dröhnt und vom Busfahrer mitunter durch eigene Phrasierungen begleitet wird, geht es eine schmale sowie hügelige Küstenstraße entlang, die wahrlich beeindruckende Aussichten eröffnet: Auf felsige Gebirgswände und einsame Kapellen folgen immer wieder kleine Dörfer und Ansiedlungen, deren Häuser sich behutsam an die steilen Felswände der Insel anschmiegen und schneeweiß in der Sonne leuchten.

In Oía, meinem heutigen Tagesziel, wird dieses Bild sogar noch einmal übertroffen! Die Häuser türmen sich an der nordwestlichen Küste Santorinis zu einer schmuckvollen Siedlung auf, in der ein Gebäude schöner ist als das andere: Die Fassaden erstrahlen in einem makellosen Weiß, wobei einige Häuser zusätzlich über Kuppeldächer im Hellas-typischen Blau verfügen. Dazwischen finden sich wenige Häuser in Aquarelltönen, die sich – wie eigentlich alles auf der Insel – gar nicht so genau definieren lassen: Beinahe scheint das Licht auf Santorini eine zusätzliche Komponente der Farben zu sein, die deshalb so einzigartig sind und die Insel in ein Freiluftschmuckkästchen verwandeln.

Über eine schmale Gasse gelange ich schließlich zum letzten Ziel meiner Reise:

ATLANTIS BOOKS

Die Buchhandlung im Zentrum von **Oía** taucht seit Jahren auf jeder Liste und in jedem Artikel auf, der sich mit den schönsten und außergewöhnlichsten Buchhandlungen der Welt befasst.

Und ohne Atlantis Books auch nur betreten zu haben, vermittelt die Fassade bereits einen ersten Eindruck davon, warum dem so ist: Von der hauseigenen Dachterrasse, die unmittelbar in Richtung Meer ausgerichtet ist, führen sechs Stufen zu einer Art vorgelagerter Vitrine hinab. *Great things are done when men and mountains meet,* steht handgeschrieben auf der Balustrade der Treppe – daneben deutet ein Finger in Richtung Eingang. Die Fortsetzung des Zitats von William Blake und eine fast schon poetische Einladung an die sich draußen in den Straßen der Insel drängelnden Touristen, die Buchhandlung zu besuchen, findet sich dann auf einer weißen inseltypischen Bank, die unmittelbar vor der Buchhandlung steht:

This is not done by jostling in the street, besagt die Aufschrift – darüber befindet sich ein hölzernes Schild mit dem Hinweis *Bookshop Open* sowie sieben Bücher, die nebeneinander aufgereiht sind. Unter anderem gehört auch *Me talk pretty one day* von David Sedaris zu den ausgestellten Titeln. Der amerikanische Bestsellerautor ist der Buchhandlung freundschaftlich verbunden und wird in diesem Sommer sogar zum Caldera Kunst- und

Der Eingangsbereich von Atlantis Books. Hier gibt es Bücher in zahlreichen Sprachen; am rechten Bildrand stehen antiquarische Bücher im Wert von bis zu 6.000 Euro frei im Raum.

Literaturfestival erwartet, das Atlantis Books seit 2011 alle zwei Jahre ausrichtet.

Über der Bank mit ausgestellten Büchern findet sich ein weiterer Schaukasten, der Titel des angeschlossenen Verlagshauses Paravion Press präsentiert, von dem ich schon bei Desperate Literature in Madrid etwas erstanden hatte.

Our handmade books, designed to be sent by mail – better than postcards!, wirbt der Schaukasten aus dunklem Holz.

Die eigentliche Fassade der Buchhandlung ist in einem warmen Orangeton gehalten – in Ermangelung eines echten Schaufensters hat man sich dabei den Spaß gemacht, selbst Bücherregale auf die Wand zu malen. Wie ich beim Betreten der Buchhandlung, deren Eingang im Souterrain liegt, feststellen darf, hat man diese sogar originalgetreu nachempfunden. Und überhaupt: Wer Atlantis Books einmal betritt, möchte nie, nie wieder gehen.

Die Buchhandlung misst mit ihren zwei Räumen zwar kaum mehr als einhundert Quadratmeter, dafür ist die Ausgestaltung derart liebevoll und individuell, dass man Tage damit zubringen könnte, jedes wunderbare Detail zu entdecken.

Die hölzernen Regale im ersten Raum reichen bis unter die Decke – und selbst diese wurde dafür genutzt, die außergewöhnliche Geschichte der Buchhandlung in Form einer Illustration nachzuzeichnen: 2002 kamen zwei Freunde zum Urlaub auf die Insel, verliebten sich in das Dörfchen Oía und beschlossen kurzerhand, eine Buchhandlung aufzumachen. Sie begeisterten weitere Freunde, schlossen ihr Studium ab, sparten jeden Cent, und setzten ihren Traum 2004 in die Tat um.

... und nun stehe ich inmitten dieses Traumes: Ringsum finden sich ausgewählte Romane in englischer, griechischer, deutscher, chinesischer, französischer, italienischer *und* spanischer Sprache, von denen viele mit persönlichen Empfehlungsschreiben ausgestattet sind, die handschriftlich auf kleinen Zetteln notiert und den Büchern angeheftet wurden.

Das absolute Highlight ist jedoch ein kleiner Aufsteller, der einen Tisch im vorderen Bereich des Raumes schmückt und sich direkt an die chinesische Literatur anschließt. Hier finden sich allerhand antiquarische Schätze, die von einer Hemingway-Erstausgabe von *Der alte Mann und das Meer* (eintausendneunhundert Euro) bis zu einer seltenen Erstausgabe von Anthony Burgess' *Clockwork Orange* (sechstausend Euro) reichen und frei zugänglich präsentiert werden.

Als ich mir anschließend auch den hinteren Bereich der Buchhandlung angesehen habe, der neben einer Kinderbuchabteilung vor allem Klassiker, Lyrik und Philosophie bereithält, kehre ich zum Tresen nahe dem Eingang zurück.

»Ja, bitte – wie kann ich Ihnen helfen?« Der Buchhändler blickt mich freundlich an und rückt sich dabei die kleine Rundbrille auf der Nase zurecht.

»Ich bin mir nicht ganz sicher«, entgegne ich, »bist du Craig?«

»Ja, das bin ich.«

»Das ist gut. Ich bin Torsten, wir haben telefoniert.«

»Nein«, fährt es aus Craig ungläubig hervor – und dabei greift er sich mit der Hand in die dunklen Locken, »ich glaube es nicht. Du bist hier!«

Ich habe mit Craig bereits vor knapp zwei Monaten telefoniert, nachdem ich über eine befreundete Bloggerin erfahren hatte, dass Atlantis Books vor einer ungewissen Zukunft steht. Aktuell soll der Vermieter mit dem Gedanken spielen, das Gebäude eventuell anderweitig zu nutzen (da es als eines der wenigen Häuser der Insel ausgebaut werden dürfe) – um ganz sicher zu gehen, müsste Craig die Immobilie also kaufen. Der stolze Preis: eine Million Euro.

Konkret ist das alles aber noch nicht. Für den Moment springt Craig erst einmal hinter dem Tresen hervor und begrüßt mich herzlich: »Ich freue mich wirklich sehr!«

»Ich mich auch«, entgegne ich, »ich hätte selbst nicht gedacht, dass ich es schaffen würde.«

Craig zeigt mir Bilder von vergangenen Veranstaltungen und berichtet von ganz neuen Plänen, bevor ich ihm von meiner Buchhandlungstour berichten darf.

Als schließlich noch Bekannte von der Insel zu Besuch kommen und wir alle gemeinsam ins Plaudern geraten, wird plötzlich die Frage aufgeworfen, welches das kostbarste Buch sei, das Craig besitzt. Er schaut mich und das befreundete Paar zunächst geheimnisvoll an, bevor er zu einem amüsierten Lachen ansetzt. »Wisst ihr was? Ich zeig euch jetzt mal etwas.«

Er deutet uns an, ihm in den hinteren Raum zu folgen, wo er hinter dem Hochbett, das ganz hinten in der Buchhandlung integriert ist, verschwindet und schließlich mit einer abgeriegelten Holzkiste zurückkommt.

»*Das* sind die wertvollsten Bücher«, sagt er und zeigt uns insgesamt drei Bücher, von denen wir versprechen müssen, niemals die Titel zu verraten.

Besonders das letzte Buch ist ein absolutes Unikat: Es enthält eine persönliche Widmung der Autorin an ihre Schwester, die sich für die Covergestaltung verantwortlich zeichnete.

Als Craig mit seinen Ausführungen schließt, herrscht für einen Moment fast schon andächtiges Schweigen – wir tauschen unser Erstaunen jedoch über Blicke miteinander aus.

»Das war unglaublich«, sage ich schließlich, »vielen Dank!«

Wir plaudern noch eine Weile, und ich schaue mich noch einmal ganz in Ruhe um, dann muss ich mich verabschieden, wenn ich die Fähre am Nachmittag nicht verpassen möchte. Craig besteht allerdings noch darauf, mir eine Tasche zu schenken, die er mit ausgewählten Andenken und Eigenpublikationen befüllt.

Atlantis Books. Amateur booksellers since 2004, steht darauf geschrieben – eine selbstironische Anspielung auf die Entstehungsgeschichte und die Gründungsmitglieder der Buchhandlung.

Als ich später die Fähre in Richtung Piräus besteige und diese schließlich ablegt, befällt mich eine zunehmende Wehmut, je weiter wir uns von der Küste entfernen.

Der Abschied von der Insel bedeutet zugleich auch einen Abschied von der gesamten Reise, die mir innerhalb der letzten vier Wochen so unglaublich viel gegeben und bedeutet hat:

Wirklich *jede* der insgesamt 60 besuchten Buchhandlungen hatte ihre ganz eigene Geschichte zu erzählen – und die täglich neuen Eindrücke, Bilder, Anregungen und Gespräche haben maßgeblich dazu beigetragen, dass die zurückliegenden Tage die vielfältigste und ereignisreichste Zeit meines Lebens waren.

»Ich glaube, wir sollten viel öfter miteinander reden und uns austauschen«, denke ich an Galkós Worte in Budapest zurück – und in diesem Moment fällt mir ein, dass ich Bianca noch gar nicht geantwortet habe …

Fortsetzung folgt … ganz sicher.

… SCHON GELESEN?

Empfehlenswertes griechischer Autoren:
Kleine Gemeinheiten, Panos Karnezis
Der unterirdische Himmel, Soti Triantafillou
Empfehlenswertes über Griechenland:
Quer durch Athen (von Piräus nach Kifisia), Petros Markaris

IMPRESSUM

Torsten Woywod
In 60 Buchhandlungen durch Europa
Meine Reise zu den schönsten Bücherorten unseres Kontinents
ISBN: 978-3-959100-73-1

Eden Books
Ein Verlag der Edel Germany GmbH

www.edenbooks.de | www.facebook.com/EdenBooksBerlin | www.edel.com
2. Auflage 2016

Projektkoordination: Svenja Monert und Nina Schumacher
Lektorat: Sylvia Gredig|www.wortfischen.de
Umschlag- und Innenteilgestaltung:
Johanna Höflich | www.johannahoeflich.de
Satz: Datagrafix Inc.| www.datagrafix.com
Lithografie und Bildredaktion: Frische Grafik| www.frische-grafik.de
Druck und Bindung:
optimal media GmbH, Glienholzweg 7, 17207 Röbel/Müritz

Bildnachweis:
Umschlagfoto, S. 12, 26, 31, 40, 46, 54, 58, 66 (oben), 70, 73, 80/81, 86, 88, 91, 97, 100, 106, 112, 120, 125, 130, 132, 138, 140, 147, 152, 160, 168, 172, 177, 179, 186, 192, 196, 202, 205, 210, 213, 218, 230, 236, 240, 244, 247, 252: © Torsten Woywod | S. 35: © Paagmann | S. 66 (unten): © Sarah Henshaw

Printed in Germany

Dieses Buch ist auch als E-Book erhältlich.

Um die kulturelle Vielfalt zu erhalten, gibt es in Deutschland und in Österreich die gesetzliche Buchpreisbindung. Für Sie, liebe Leserin und lieber Leser, bedeutet das, dass Ihr verlagsneues Buch jeweils überall dasselbe kostet, egal, ob Sie Ihre Bücher gern im Internet, in einer großen Buchhandlung oder beim kleinen Buchhändler um die Ecke kaufen.